GRUNDLAGEN UND GEDANKEN ZUM VERSTÄNDNIS DES DRAMAS

Für den Schulgebrauch zusammengestellt

ZUCKMAYER

DER HAUPTMANN VON KÖPENICK

BEARBEITET VON
SIEGFRIED MEWS

VERLAG MORITZ DIESTERWEG
Frankfurt am Main · Berlin · München

6363

ISBN 3-425-06363-4

1. Auflage 1972

Gesamtherstellung: Oscar Brandstetter Druckerei KG, Wiesbaden

Inhalt

Allgemeine Grundlagen

Die Überwindung des expressionistischen Dramas

„In der Kunst und Dichtung erwachte jetzt ebenfalls wieder die Frage nach der Grundbeschaffenheit des Menschen und nach der Wirklichkeit, die dem Menschen angemessen ist. Dies ist die Frage der jungen Generation, die bis zum Ersten Weltkrieg und in diesem Krieg auftritt. Auch sie richtet sich wie einst der Naturalismus auf die moderne technische Welt, die der Mensch im 19. und 20. Jahrhundert geschaffen hat. Doch ist das für sie nicht mehr eine Welt, in der der Mensch sein Daseinsglück errungen hat. Vielmehr statt des Paradieses hat der Mensch sich eine Hölle geschaffen. Die Welt des Menschen erweist sich als die Herrschaft des Unmenschlichen. Die moderne Industrie hat zur Großindustrie geführt. Hier ist der Einzelne nur ein Rädchen in einer ungeheuren Apparatur; er ist der Roboter der Maschine geworden. Die Gegenwart steht im Zeichen der mechanisierten und mechanisierenden Organisation. Das trifft nicht nur für die Großindustrie zu, sondern auch für den Staat. Er wird zu einem Exponenten der Wirtschaft und des wirtschaftlichen Machtstrebens. Die Militärmacht dient gleichfalls diesem Ziel; sie wird militaristisch. Aber auch *die* Ordnungen sind mechanisiert und entleert, die die Ordnungen des Lebens sein sollen: die Familie, die Schule, ja die Kirche.

Gegenüber diesen Mächten will die junge Generation wieder den Menschen zur Herrschaft bringen. Im Zeichen des Menschen kämpften auch der Naturalismus und der Antinaturalismus. Für den Naturalismus erfüllte sich der Mensch als Natur und im Dasein, für den Antinaturalismus als Geist und in der Kultur. Jetzt soll der Mensch sich als Seele begreifen und erfüllen. Seele ist zunächst einmal die Gegenformel gegen die moderne Zivilisationswelt, die zur Mechanisierung des Menschen, damit zur Entseelung geführt hat. Religiöse Reminiszenzen werden hier wirksam: daß der Mensch ein Wesen der Seele, der unsterblichen Seele ist. Der Urgrund der Welt ist nicht die Materie, sondern ist seelisches Sein, damit ein göttliches Sein. Seele äußert sich als Gefühl, als liebendes Gefühl. An der Stelle des objektiven Sachbezugs des Naturalismus, aber auch des Geistbezugs des Antinaturalismus soll der Seelenbezug, damit der Bezug des Gefühls, der Bezug der Liebe stehen. Der Mitmensch soll zum Bruder werden oder zur Schwester. Doch auch die Natur, ja die kosmische Welt soll seelisch erfahren werden. Diese Seele soll lebendige göttliche Einheit erleben und sich aus dem Quell des göttlichen Seins speisen, aus dem Urquell göttlicher Liebe.

Die Kunst des Naturalismus war in der exakten gegenständlichen Beobachtung begründet worden. In Österreich besonders hatte sich eine Dichtung entwickelt, die den Zugriff des Dichters zur Wirklichkeit durch den Zugriff der

Wirklichkeit ersetzte. Der Dichter empfing Wirklichkeitseindrücke und bildete sie dichterisch aus. Damit war diese Haltung eine Parallele zu jener modernen Malerei, die die alte Ateliermalerei durch eine Freilichtmalerei ablösen wollte, doch nicht durch eine Malerei der exakten Beobachtung, sondern der sinnenhaften Eindrücke. Der Maler sollte seine Sinneseindrücke malen – als Impressionist. Dieser den Gegenstand oft auflösenden Malerei setzte sich eine Malweise entgegen, die das Wesenhafte des Gegenstandes wieder ergreifen und dem Gemälde wieder mehr Wirklichkeitsinhalt und -ausdruck geben wollte – die Malerei eines Cézanne, van Gogh, Matisse. Sie wurde als ‚expressionistisch' bezeichnet. Als ‚expressionistisch' begriff sich jetzt auch die junge literarische Generation. So setzte sie sich dem Naturalismus und Impressionismus entgegen.

Sie bezog den Expressionismus zunächst auf ihre Auffassung des Menschen. Für den Naturalismus war der Mensch das Wesen, das durch Vererbung und Milieu bedingt ist. Für den Expressionisten ist der Mensch Seelenenergie, ein Wesen innerer Expression, das sich als Seelenwesen in der Welt der Vererbung und des Milieus wahrt und durchsetzt. Dieser Mensch drückt sich zuerst in der Lyrik aus, die damit wieder eine Lyrik seelischer Innerlichkeit werden soll. Dieser Mensch aber erscheint auch im Drama. Seine Aufgabe hier beschränkt sich nicht auf den Seelenausdruck. Der Naturalist hatte gezeigt, wie der Mensch Opfer von Vererbung und Milieu wird. Der Expressionist will zeigen, wie der menschliche Mensch der Seele in seiner Umwelt als aktive Kraft steht, gegen die Welt der Mechanisierung und Entseelung kämpft und in ihr den wahren Menschen wieder zur Herrschaft bringt. ...

Das neue Drama soll nicht nur expressionistisch in seinem Thema, sondern auch in seiner künstlerischen Darstellung, es soll ein Drama des stärkeren Ausdrucks sein. Zunächst wird der Sprachausdruck gesteigert. Das wird in einer gesteigerten Ausdruckskraft des Menschen begründet. Die Sprache des Lebens, die Sprache der klassischen oder romantischen Kultur wird hier ersetzt durch eine Sprache gesteigerter Innerlichkeit. Der Expressionist greift hier auf mehrere Weisen schon überlieferter Ausdruckskunst zurück, auf die Gotik, die jetzt als religiöse Ausdruckskunst begriffen wird, auf den religiös-ekstatischen Maler des Barock, auf Greco. Der Barock hatte auch eine Ausdruckssprache des Dramas geschaffen, und die von den Stürmern und Drängern als Natur verherrlichte Sprache Shakespeares war letztlich auch eine Sprache des zum Ausdruck drängenden Barock. Sie wurde im Sturm und Drang neu ergriffen, besonders von Lenz und Klinger, und als Sturm-und-Drang-Sprache erneuert von Grabbe und Büchner. Auf sie hatte schon Wedekind zurückgegriffen, um seinen monomanisch von ihrem Trieb besessenen Gestalten einen übernaturalistisch starken Ausdruck zu geben, und auch Expressionisten griffen auf die Sprache des Sturm und Drang zurück, wie Hasenclever in seinem *Sohn*. Die Hymnensprache des 18. Jahrhunderts wurde ebenfalls erneuert, die Sprache Klopstocks, des jungen

Goethe, des jungen Schiller, Hölderlins. Die Personen des Dramas entladen sich in rhetorisch-hymnischer Lyrik, so bei Hasenclever, Johst, Werfel. Fritz von Unruh greift auf die Sprache Kleists, ihre übersteigerte Dynamik, zurück.

Darüber hinaus werden neue Wege der sprachlichen Gestaltung gesucht. Sie sind Gegenbewegungen gegen die naturalistische und impressionistische Sprache, gegen deren zerfließende Breite und Übersubtilisierung. Die Sprache soll verknappt, gestrafft werden. Dies kann zu einer Sprachreduktion führen, durch die das Drama zu einer Pantomime wird, die nur noch Stich- und Kernworte kommentieren, wie die Dramen von August Stramm es zeigen oder das Drama *Menschen* (1918) von Hasenclever. Weit größere Bedeutung gewinnt die dramatisch gestraffte und gesteigerte Sprache, wie sie von Carl Sternheim und Georg Kaiser ausgebildet wird. Sie bedienen sich keiner Sprache der subjektiven Expression, sondern des sachlichen Verstandes, des Intellekts. Sie stilisieren die Sprache. Mit der gleichen Willkür und Energie, mit der auch die bildenden Künstler verfahren, formen sie sie nach einem naturalistischen, impressionistischen, romantischen Sichverlaufen auf eine neue dramatische Dichte hin. Sie verjazzen gleichsam die Sprache, unterwerfen sie ganz dem Willen zur Brutalisierung. Sie verrenken den überlieferten Sprachbau, bringen ihn aus den Fugen, komprimieren, besonders durch den Verzicht auf den Artikel, versuchen zu wirken durch den Gebrauch ungewöhnlicher Wörter oder durch den ungewöhnlichen Gebrauch üblicher Wörter. Alle Illusion freier Lebendigkeit oder einer Sprache der Natur ist hier zufolge dieser intellektuellen Neuprägung aufgehoben. Der Expressionismus kämpft für den menschlichen Menschen mit den Mitteln eines radikal gewalttätigen Verstandes.

Auch die Bühne soll jetzt eine expressionistische Ausdrucksbühne werden. Ihre ausgebildete Technik diente noch um 1900 teils der Wirklichkeitsillusion, teils dem raschen Wechsel der vollausgebauten Szene. Dann verselbständigt sich das Theater, setzt wachsende Technik zu neuen Theaterwirkungen ein. Die Bühne eines Max Reinhardt oder Erwin Piscator wetteifert mit den Illusionen oder Suggestionen des Films und mit den Massenwirkungen des Zirkus. Doch kann man nun auch reduzieren, vereinfachen, stilisieren, mehr die künstlerischen Möglichkeiten eines frei gestalteten Bühnenbildes betonen als die Illusion des Lebens oder die Verführungen des Theaters. Hier schließt der Expressionismus an. Er radikalisiert auch hier. Er fordert die abstrakt-expressive Bühne. Wie in der Sprache setzt er den Anspruch des Intellekts durch. Er vereinfacht das Bühnenbild, gliedert die Szene in wenige große Massen, baut sie aus geometrischen Figuren auf. Er typisiert und mechanisiert den Schauspieler in Maske und Spiel. Er hat ihn schon so konzipiert, ersetzt schon im Charakterentwurf und in der Sprache das Extrem der naturalistischen Individualisierung durch das Extrem der Typisierung. Die Sprache wird nun eingefügtes Element dieses Stilganzen. Auch hier soll der Ausdruck gesteigert, es soll ein Extrem an lapidarer Gestaltung und Schlagkraft erreicht werden. Dazu setzt man auch Licht und Farbe ein mit einer der Malerei entsprechenden Selbstwertigkeit und Wirkung.

Für den Naturalisten wie für den Antinaturalisten steht fest, daß sie um das Drama als Kunstwerk bemüht sind, jener, indem er das Drama auf die Höhe der fortschrittlichen Moderne bringt, dieser, indem er diesen Schritt als die dramatische Kunst ruinierend bekämpft. Für den Expressionisten hingegen steht der Mensch im Vordergrund, und sein Schicksal als Künstler ist zuerst vom Erfolg abhängig. Dieser Erfolg blieb aus. Das ist einmal darin begründet, daß auf den Menschen in breiter Schicht nur durch eine Organisation und eine organisierte Propaganda gewirkt werden kann. Hier blieb der Expressionist mit seinen hohen Menschheitsidealen ohnmächtiger als der Antinaturalist, der sich auf den christlich-antiken Kulturbestand stützen konnte. Daran gemessen, wirkte der expressionistische Enthusiasmus für den menschlichen Menschen und seine totale Zeitkritik ideologisch. Hinzu kam, daß der Expressionist zwar hinreichend deutlich sehen ließ, wogegen er sich wandte, um so weniger aber dem Menschen der Gegenwart ein greifbares Ziel weisen konnte. ...

Die Bekümmertheit des Expressionisten um das expressionistische Thema geht weitreichend auf Kosten des dramatischen Kunstwerks. Zwar kann der Expressionist sich rühmen, den dogmatischen Realismus des Naturalismus endgültig gebrochen zu haben, doch hat er ihn nicht durch ein überzeugend expressionistisches Drama überwunden. Die Tendenz des Naturalismus, den Menschen in seiner Bedingtheit zu erfahren, stimmt mit der Logik des tragischen Dramas überein; die Tendenz hingegen zur Unbedingtheit des Menschen, und zwar zu einer Unbedingtheit, die in dieser Welt siegen soll, widerspricht ihm. Indem der Expressionist in seinem Drama zuerst diese Unbedingtheit des Menschen zeigen will, versäumt er wesentliche Aufgaben der dramatischen Darstellung. Der Naturalist hatte versucht, die dramatischen Charaktere so genau und individuell wie möglich zu malen. Der Expressionist verzichtet auf dieses Malen und begnügt sich, seine Personen zum lyrisch-rhetorischen Organ expressionistischer Gesinnungen zu machen. Indem hier ‚der Mensch‘ schlechthin erscheinen und sprechen soll, verzichtet er auf alle charakterisierende Darstellung zugunsten des Typischen. Es tritt nur noch ‚der‘ Sohn auf, ‚der‘ Vater, ‚der‘ König. Für den Naturalisten war die Umgebung für den Menschen schicksalhaft; so hat sie ihn so konkret und dicht wie möglich gestaltet. Für den Expressionisten ist die Umgebung nur der Schall- und Wirkungsraum des expressionistischen Helden; sie verliert ihre Eigenbedeutung. Dasselbe trifft für die dramatische Handlung zu. Der Naturalismus hatte noch den Dramenbau Ibsens übernommen, der ein räumlich und zeitlich engbegrenztes Geschehen zu einem fast lückenlosen einheitlichen Ablauf gestaltete und damit Geschehensmomente sehr fest und sichtbar verknüpfte. Von diesem Bau wich entschieden erst Wedekind ab, durch seinen Rückgang auf den Sturm und Drang und damit auf die freiere Fügung Shakespeares. Stoff und Bühne legten die Zerteilung des dramatischen Ganzen in viele räumlich und zeitlich getrennte Szenen nahe. Die einzelnen dramatischen Momente wurden stärker betont als die Verknüpfungen zwischen ihnen. Auch Wedekind gibt mehr solche Bilder mit der ihnen eigenen Strahlkraft, weniger ihre Verknüpfung, den unerbittlichen, zu Furcht und Mitleid erschütternden Fortgang. Doch hielt er einen tieferen Zusammenhang fest, indem er an den Beginn seines Dramas Prämissen setzte, aus denen er späterhin Folgerungen zog. Der dogmatische Expressionismus kann hier weiter lockern und auflösen. Es soll nicht die Wirkung umgreifender Mächte auf den Menschen gezeigt werden, sondern ausschließlich dieser Mensch selbst. Dieser Mensch macht nur noch eine Anzahl spezifisch expressionistischer Erfahrungen. Es werden die Etappen dieser Erfahrungen gezeigt; dies führt zum expressionistischen ‚Stationendrama', zum lockeren Nacheinander mehr epischer Bilder. Die Umwelt ist oft lediglich Anlaß zur Aussprache eines inneren Dranges. Wirkte zuerst das Theater auf den Film, so wirkt jetzt der Film auf das Theater zurück. . . .

Ein Thema des expressionistischen Dramas war das Scheitern des expressionistischen Menschen – ein Bekenntnis, daß das menschliche Ziel dieser Bewegung imaginär bleibt. . . .

Diese Problemlage wird zum Ausgangsort für jene Dichter und Dramatiker, die als die etwas jüngere Generation in die expressionistische Bewegung eintreten, für die das expressionistische Drama eine bestimmende Macht ihrer Jugendbildung ist. Sie nehmen die expressionistische Frage nach dem Wesen des Menschen und – angesichts des expressionistisch aufgelösten Dramas – auch die nach dem Wesen des Dramas auf. Doch suchen und geben sie andere Antworten. Diese Gegenbewegung gewinnt ihre besondere Bedeutung dadurch, daß als ihre Hauptträger zwei bedeutende und fruchtbare Dramatiker auftreten, die ihre Haltung in einem breiten und wirksamen Werk bewähren – Carl Zuckmayer (*1896) und Bertolt Brecht (1898–1956).

In ihrer künstlerischen Laufbahn und ihrem äußeren Schicksal haben Zuckmayer und Brecht manches gemeinsam. Beide treten um 1920 hervor, als die Woge des Expressionismus schon abebbt. Beide stehen zuerst dem Expressionismus nahe. Zuckmayer beginnt mit dem expressionistischen Drama *Kreuzweg* (1920), Brecht mit seinem *Baal* (1918), der noch breite expressionistische Passagen enthält. Beide Autoren scheitern mit ihren Erstlingen, Brecht sogar mit einem Skandal (1923 in Leipzig). Beide Autoren wenden sich vom expressionistischen Drama ab, beide wenden sich einem volkstümlich theatralischen Drama zu. Beide Autoren müssen 1933 emigrieren und kehren erst nach 1945 nach Deutschland zurück. Sie beide werden jetzt zu einem Drama geführt, das die politische Situation dieser Jahre zu ihrem Hauptthema hat.

Doch als Menschen und als Dichter sind Zuckmayer und Brecht geradezu polare Gegensätze. Zuckmayer ist der ursprüngliche dramatische Dichter, der wieder versucht, Mensch und Leben unverkürzt zu erfassen. Sein erstes großes Erfolgsstück ist *Der fröhliche Weinberg* (1925). Die Handlung spielt im Rheingau, in der heiteren Landschaft der Reben und des Weins. Das Stück ist mit einer bezwingenden Realistik geschrieben, durch die Zuckmayer sich als der begabteste Nachfolger des realistischen Gerhart Hauptmann ausweist. In seiner genaueren Ausprägung ist es eine Antithese zum expressionistischen Drama. Statt des expressionistischen Seelenmenschen erscheint hier der unbekümmert vitale Mensch des Rheingaus, statt des abstrakt Allgemeinmenschlichen der bestimmte Mensch einer ganz bestimmten Landschaft, statt des hohen Ernstes herrscht hier die unbeschwerte Heiterkeit. Das Seelendrama wird durch ein bodenständiges, ja derbes Schauspiel des Lebens ersetzt, durch ein Lustspiel bester Tradition. Falsch verbundene Verlobte finden die zu ihnen passenden Partner. Ein älterer verwitweter Weingutsbesitzer findet ein neues Lebensglück. Das zentrale Geschehen ist durch viel episodisches Geschehen erweitert. Das Stück ist reich an heiteren Szenen, und auch derbe Komik ist nicht vermieden.

Volkhaftes Leben im volkstümlichen Drama darzustellen, bleibt für lange Zuckmayers Hauptantrieb als Dramatiker. Schon im *Fröhlichen Weinberg* hatte er bewiesen, daß er mehr war als der Verfertiger eines possenhaften Lustspiels, vielmehr der poetische Realist, der das Wesenhafte von Mensch und Raum zu beschwören weiß. Schon im *Fröhlichen Weinberg* wird das Leben eines Raumes dargestellt, in dem eine fast heidnische Lebens- und Naturfrömmigkeit noch nicht erstorben ist. Diese Lebensnähe zeichnet auch die folgenden Dramen Zuckmayers aus; und er erfaßt hier den Menschen auch in seinen tragischen Schicksalen. So dramatisiert er das Leben des *Schinderhannes* (1927) und stellt das Schicksal der *Katharina Knie* dar (1929).

Die volkstümliche Dramatik Zuckmayers gipfelt im *Hauptmann von Köpenick* (1931). ...“

(Otto Mann, Das deutsche Drama des 20. Jahrhunderts, S. 134–143)

Der historische Hauptmann von Köpenick

Am 16. Oktober 1906 verwandelte sich der arbeitslose, mehrfach vorbestrafte Schuster Wilhelm Voigt durch eine bei einem Trödler erstandene alte Uniform in einen preußischen Hauptmann. Er brachte eine Handvoll Soldaten unter sein Kommando, besetzte mit ihnen das Köpenicker Rathaus, verhaftete den Bürgermeister der Stadt Köpenick, ließ sich die Stadtkasse übergeben und ward nicht mehr gesehen.

„Die ... sofort eingeleiteten Recherchen ergaben ... folgenden Vorgang. Die Wache der Militärschwimmanstalt Plötzensee, die vom Garde-Füsilierregiment gestellt wurde, war nach ihrer Ablösung auf dem Heimweg von [einem] Hauptmann des ersten Garderegiments angehalten worden. Er nahm sie unter sein Kommando und erklärte, er habe auf höchsten Befehl einen Sonderauftrag auszuführen. Das war gegen 1 Uhr mittags. Wenig später kam noch ein zweiter kleiner Trupp hinzu, die gleichfalls abgelöste Schießstandwache des vierten Garderegiments, die genau wie die andere Wache von einem Gefreiten angeführt wurde. Der Hauptmann brachte auch diese Gruppe unter seinen Befehl und hatte nun eine zehnköpfige Mannschaft, vier Füsiliere und sechs Grenadiere, mit der er zum Bahnhof Putlitzstraße marschierte und von dort nach Köpenick fuhr. Er selber, als Offizier, fuhr in der zweiten Klasse.

Auf dem Köpenicker Bahnhof machte einer der beiden Gefreiten ihn darauf aufmerksam, daß ‚sämtliche Mannschaften' noch ohne Mittagessen waren. Daraufhin ließ Wilhelm Voigt die Gewehre zusammenstellen und sorgte dafür, daß seine Soldaten in der Bahnhofsgaststätte einen Happen zu essen bekamen.

Dann wurde zum Rathaus marschiert – mit aufgepflanzten Bajonetten und scharf geladenen Gewehren. Die entsprechenden Kommandos gab Wilhelm Voigt übrigens meistens nicht selber; er gab nur Anweisungen, und die richtigen Kommandos kamen dann von dem Gefreiten Klapdohr. Das wirkte keineswegs verdächtig – im Gegenteil, auf diese Weise wurde die offensichtliche Diskrepanz zwischen der Höhe seines Rangs und der Stärke seiner Mannschaft ganz natürlich überbrückt.

Vor dem Rathaus wurde Halt kommandiert; die Soldaten ließen ihre Helmketten herunter. Wilhelm Voigt hatte seinen Helm zu Hause gelassen, er trug nur eine Mütze. Das ist, wie sich später herausstellte, einigen Beobachtern seltsam vorgekommen. Aber im Moment änderte das nichts an seiner Befehlsgewalt.

Sein erster Befehl war, die Eingänge des Rathauses zu besetzen, das Hauptportal mit zwei Mann, die beiden anderen Eingänge mit Einzelposten, die den strikten Befehl erhielten, niemanden hinein- oder herauszulassen. Er selber ging mit dem Rest seiner Truppe ins Rathaus, wo er als ersten den Oberstadtsekretär Rosenkranz ‚im Namen Seiner Majestät' für verhaftet erklärte und ihn unter Bewachung eines Doppelpostens in seinem Zimmer zurückließ.

Im nächsten Zimmer trafen sie auf Bürgermeister Dr. Langerhans. Er war Reserveoffizier und wollte sich nicht so ohne weiteres verhaften lassen, sondern bezeichnete das Vorgehen des Hauptmanns als völlig ungesetzlich. Er fragte nach der Legitimation und wollte mit dem Landratsamt telephonieren. Aber Wilhelm Voigts Antwort brachte ihn zur Räson: ‚Sie haben hier gar nicht zu telephonieren, und wenn Sie noch lange Widerstand leisten, lasse ich Sie in eine Arrestzelle sperren.' Und nicht ungeschickt erklärte er noch: ‚Meine Legitimation sind meine Soldaten!'"

(Gerhard Prause, Der wenig bekannte zweite Teil der Köpenickiade, S. 172–173)

Nachdem Wilhelm Voigt sich die Kasse der Stadt Köpenick (etwa 4000 Mark) hatte aushändigen lassen, den Bürgermeister, der von seiner Frau begleitet wurde, und den Kassenrendanten von Wiltberg in requirierten Droschken als Gefangene nach Berlin zur Neuen Wache hatte bringen lassen, verschwand er spurlos. Die Aktion in Köpenick hatte etwa anderthalb Stunden gedauert.

Soweit die tatsächlichen Vorgänge. Die Zeitungen kommentierten das außergewöhnliche Ereignis ihrer politischen Einstellung gemäß – auf alle Fälle kommentierten sie es ausführlich. Der sozialdemokratische *Vorwärts* schrieb am 18. Oktober 1906:

„Die Welt lacht. Über die deutschen Grenzen hinaus, über den englischen Kanal und den atlantischen Ozean dringt ein schrilles Hohngelächter. Die Welt lacht auf Kosten des preußischen Junkerstaats. Die Achtung, die deutsche Wissenschaft, deutsche Industrie sich im Auslande erworben haben, erstickt in einem spöttischen Gelächter."

Selbst bürgerliche Blätter nahmen den aufsehenerregenden Vorfall zum Anlaß, Kritik an der übertriebenen Hochschätzung der Offiziersuniform zu üben. Unter der Überschrift „Des Königs Rock" berichtet die Abendausgabe der *Vossischen Zeitung* vom 19. Oktober 1906:

„Eigentlich muß es wundernehmen, daß der Gauner im Offiziersrock noch immer eine Seltenheit ist. Vielleicht wird es nach dem Köpenicker Schelmenstück anders. Denn die Mitglieder der Verbrecherzunft haben erfahren, wie leicht sie das gewagteste Unternehmen durchführen können, wenn sie die Uniform angezogen haben. Der Respekt vor den Epaulettes ist den Deutschen durch Gesetz und Verwaltung seit Menschengedenken anerzogen worden. In der Tat, des Königs Rock, oder vielmehr der Offiziersrock ist eine rechtliche, vom Gesetz privilegierte Einrichtung, ganz unabhängig von der Person, die in dem Rocke steckt. . . ."

Ähnlich hieß es in der Abendausgabe des *Berliner Tageblatts* vom 17. Oktober 1906 unter dem Titel „Fetischuniform":

„Es ist ein beschämendes Zeichen für Bürgersinn, Mannesmut vor Königsthronen, Rechtsstaat, Konstitutionalismus, und wie die schönen Worte alle heißen mögen, aber es ist nun einmal eine Tatsache, daß in Preußen die Uniform herrscht und regiert. Vor der Uniform liegen alle auf dem Bauch, die sogenannte ‚Gesellschaft', die Behörden vom Minister bis zum letzten Nachtwächter, das Bürgertum und die Masse des Volkes auch. Das kann man in den freien Volksstaaten des Westens nicht begreifen, das versteht man auch in Süddeutschland nicht, aber in Preußen ist es so. Wer die Uniform trägt, der siegt, nicht weil er besser oder klüger oder weitsichtiger wäre als die anderen, sondern weil er uniformiert ist. Trotzdem hätte der Gauner sein Ziel nicht erreichen können, wenn dem preußischen Soldaten nicht systematisch das Denken abgewöhnt würde."

Nur die konservative *Neue Preußische Zeitung* („Kreuzzeitung"; Motto: „Vorwärts mit Gott für König und Vaterland") konnte oder wollte in ihrer Abendausgabe vom 18. Oktober 1906 keine Lehre aus dem Fall Köpenick ziehen:

„Der Gaunerstreich in Köpenick wird bereits zu einer politischen Sensation aufgebauscht. Namentlich soll er gegen den Militarismus ausgenutzt werden . . . . Wer daraus, daß ein Pseudohauptmann ein paar Soldaten unter seine Kommandogewalt bringen und zu einem Verbrechen gebrauchen konnte, den Schluß ziehen will, daß in Preußen die Pflicht des militärischen Gehorsams überspannt werde, der nenne uns doch ein Heer, in dem der Soldat bei jedem Dienstbefehl die schriftliche Autorisation seiner Vorgesetzten . . . nachprüfen darf oder muß . . . . Was aber bei den Soldaten begreiflich ist, das ist bei den Herren von der Köpenicker Stadtverwaltung doch kaum begreiflich."

In seinen Erinnerungen, *Wie ich Hauptmann von Köpenick wurde; Mein Lebensbild* (S. 98–99) schildert Wilhelm Voigt, wie er auf den Gedanken kam, als falscher Hauptmann aufzutreten:

„*Der Plan meiner Köpenickiade begann in mir zu reifen!* Außerdem mußte ich mit Recht annehmen, daß, nachdem ich zwei Ausweisungen hinter mir hatte, auch die nachfolgenden Orte, die ich aufsuchte, mit der gleichen Rücksichtslosigkeit gegen mich verfahren würden.

Wenn vielleicht heute einer oder der andere sagen würde, ‚nein, das wäre nicht geschehen!', so ist das wertlos, denn was mir damals widerfuhr, das ist schon vor Jahren Tausenden geboten worden, ohne daß sich je eine Hand oder ein Fuß zur Hilfe gerührt hätte.

Und nun kommt die Frage: ‚Wie sind Sie nur eigentlich auf die Idee gekommen?' ihrer Beantwortung schon etwas näher. Ich hatte analoge Vorgänge, wie sie der ‚Tag von Köpenick' bietet, schon aus der Geschichte kennen gelernt.

Ich erinnere mich an den Großen Kurfürsten, der auch den Bürgermeister von Königsberg in der Nacht von seinen Trabanten aufheben und nach Brandenburg schaffen ließ, wo er, wenn ich nicht irre, 28 Jahre in der Gefangenschaft verbringen mußte. Auch an die Geschichte des Michael Kohlhaas dachte ich, der vielleicht den bekanntesten Typ des Rechtsbrechers aus gekränktem Gerechtigkeitsgefühl darstellt.

Genug, ich arbeitete meinen Plan aus und habe bewiesen, daß ich der Mann war, ihn auch durchzuführen. Was soll da all das Gerede, womit man an meinem Vorgehen, ja selbst an meiner Uniform herumkritisiert?! ... Beispielsweise, ich hätte keinen Helm getragen! –

Der Helm stand ruhig in meiner Wohnung auf dem Tische. Ich hielt es aber nicht der Sachlage nach nötig, 17 Stunden lang einen Helm auf dem Kopfe zu tragen zu einer Diensthandlung, die ich bequemer in der Mütze ausführen konnte und wollte."

Die Verhaftung Wilhelm Voigts erfolgte am 26. Oktober 1906. Die Polizei war vielen falschen Spuren gefolgt und wurde erst durch einen ehemaligen Mithäftling des Schusters auf die richtige Fährte gebracht. Nach der Verhaftung Wilhelm Voigts verstärkte sich das Lachen der Öffentlichkeit.

„Es war die zweite große Welle; sie war noch stärker als die erste, weil die Blamage viel größer war als ursprünglich gedacht: Kein ehemaliger Offizier, kein raffinierter Hochstapler, sondern ein alter Gauner, der nie den Rock des Königs hatte tragen dürfen, hatte Soldaten, Beamte und einen Bürgermeister hereingelegt. Viele Zeitungen nannten ihn nun den ‚liebenswertesten aller Gauner'." (Prause, S. 177)

Die Gerichtsverhandlung begann am 1. Dezember 1906 vor der Dritten Strafkammer des Landgerichts Berlin II. Wilhelm Voigt sah sich jetzt mit den strafrechtlichen Konsequenzen der Köpenickiade konfrontiert.

„Angeklagt war er [Wilhelm Voigt] der widerrechtlichen Freiheitsberaubung, des Betrugs, der Urkundenfälschung, der unbefugten Ausübung eines öffentlichen Amtes und des unbefugten Tragens einer Uniform, auf Grund der §§ 239, 263, 267, 268 Ziffer 1, 360 Absatz 8, 132 und 73 des Strafgesetzbuches .... Wilhelm Voigt war in vollem Umfang geständig. Er habe sich, führte er zu seiner Verteidigung an, zu diesem Gaunerstreich genötigt gesehen, weil er seit seiner Entlassung aus dem Zuchthaus im Februar 1906 von der Polizei immer wieder ausgewiesen worden sei, zuletzt auch aus Berlin. Und nun erzählte er die lange Vorgeschichte, sein vertanes halbes Jahrhundert ... ." (Prause, S. 179)

„Sein Leben schien die Geschichte eines Mannes, der in einen Teufelskreis geraten war, aus dem es keinen Ausweg mehr gab. Weil er in Gefängnissen und Zuchthäusern gesessen hatte, wollte kein Land und keine Gemeinde ihn haben. Überall galt er als gefährliches und unerwünschtes Subjekt. Seine unermüdlichen Versuche, Arbeit zu finden, mußten scheitern. Denn nirgendwo wollte man ihm eine Aufenthaltsgenehmigung geben, nirgendwo einen Paß ausstellen. Ohne jene geradezu magischen Papiere aber durfte ihm auch niemand Arbeit und Unterkunft geben. Und so, ohne jede Grundlage für eine bürgerliche Existenz, mußte er zwangsläufig immer wieder mit Gesetzen und Behörden in Konflikt kommen. Der Kreis seines Lebens war kurzgeschlossen." (Prause, S. 170)

Mit seinem „tollen Streich“ gelang es Wilhelm Voigt, „aus dem Teufelskreis“ seines Lebens auszubrechen. Zwar wurde er zu vier Jahren Gefängnis verurteilt, doch wurde er bereits nach 20 Monaten Haft vom Kaiser begnadigt und konnte am 16. August 1908 das Strafgefängnis Tegel verlassen. Damit begann der „Zweite Teil der Köpenickiade“ für den „Hauptmann von Köpenick“. Der ehemalige Schuhmacher, „der von seinen 59 Lebensjahren fast 30 hinter den Mauern von Zuchthäusern und Gefängnissen zugebracht hatte, [begann] ein neues Leben. [Es war] vergleichsweise ein Leben in Glanz und Gloria.“ (Prause, S. 170–171)

Wilhelm Voigt verkaufte Postkarten mit seinem Autogramm, trat auf Varietébühnen des Auslandes in einer Offiziersuniform auf und ließ 1909 seine Autobiographie: *Wie ich Hauptmann von Köpenick wurde*, erscheinen. 1912 siedelte er sich in Luxemburg an, wo er 1922 starb und beigesetzt wurde.

Andere Bearbeitungen des Stoffes

Der Gedanke, die Köpenickiade literarisch auszuwerten, lag auf der Hand. Die *B.Z. am Mittag* brachte am 26. Oktober 1906 einen „Eine bürgerliche Tragikomödie“ betitelten Aufsatz, in dem von der „überwältigend komischen Seite“ der Angelegenheit gesprochen wurde, die selbst dem „ideenreichsten Operettendichter nicht in seiner Phantasie“ so hätte einfallen können und sich daher ausgezeichnet zum Operettenstoff eigne.

Bereits am 17. Oktober hatte Paul Block im Feuilleton der Abendausgabe des *Berliner Tageblatts* geschrieben:

„Der falsche Hauptmann von Köpenick hat in jedem Falle seine Rolle gut gespielt. Er hat sich zum Helden einer tollen Posse gemacht, deren Hauptwitz, wie jeder wirklich gute Witz, einen ernsten Hintergrund besitzt. Wir merken, daß unsere Vorliebe für militärisches Gepränge und Gepräge, die jedem Preußen im Blute steckt, in den letzten Jahren allzu reichliche Nahrung erhalten hat. Deshalb müssen wir fortan unsern Respekt etwas schweningern lassen .... Und wenn aus der Operette mit dem Schauplatz Köpenick, über die alle Welt lachen wird und die wir deshalb trotz ihrem inneren Ernst am besten auch komisch nehmen, unwahrscheinlich genug diese vernünftige Wirkung für Zeit und Land entsteht: dann lasse man den Herrn Hauptmann, falls man ihn kriegen sollte, ruhig laufen. Man könnte ihm sogar ein Geschenk geben. Er ist auf seine Art ein Erzieher des Volkes gewesen, und das Honorar von 4000 Mark, das er sich selbst genommen hat, ist lumpig genug. Nicht unmöglich auch, daß er für einen ehrlicheren Beruf hervorragend geeignet wäre, zum Beispiel als Bühnendichter. Die ganze Anlage seines Streiches zeigt dramatische Begabung. Und der Gedanke, den Bürgermeister, der sich als Leutnant entpuppt, bei seiner Leutnantsehre festzuhalten – durch das schleunigst abverlangte Ehrenwort nicht zu fliehen –, dieser Gedanke ist so genial-humorvoll, daß der [Gerhart] Hauptmann von Schreiberhau den Hauptmann von Köpenick um ihn beneiden könnte.“

Die ersten literarischen Bearbeitungen der Köpenickiade ließen nicht sehr lange auf sich warten. In der *Vossischen Zeitung* vom 18. Oktober 1906 erschien, frei nach Detlev von Liliencron, das Gedicht „Der Hauptmann kommt!“, aus dem hier zwei Strophen folgen:

Im Städtchen tönt der Krieger Tritt
Gar lustig im Paradeschritt,
Und selbstbewußt und kerzengrad'
Marschieren sie zur großen Tat,
Voran der Herre Hauptmann.

. . . .

Auf Ordnung hält der Hauptmann auch,
Er zählt nach Revidentenbrauch
Den Kasseninhalt ganz genau
Und steckt die Scheine braun und blau
Sodann in seine Tasche.

Ebenfalls in Anlehnung an Detlev von Liliencron hieß es in der Prager *Bohemia* (zitiert nach Wolfgang Heidelmeyer, *Der Fall Köpenick*, S. 86):

„Der Schelmenstreich von Köpenick“

. . . .

Der Hauptmann naht mit stolzem Sinn,
Die Schuppenketten unterm Kinn,
Die Schärpe schnürt den schlanken Leib,
Beim Zeus! das ist kein Zeitvertreib,
Und dann det viele Jelde!

. . . .

Während in den beiden obigen Gedichten lediglich die komische Seite der Köpenickiade berücksichtigt wird, sind einige kritische Betrachtungen in *Der Hauptmann von Köpenick. Eine schaurig-traurige Geschichte vom beschränkten Untertanenverstande* mit Versen von Hans Hyan (der später das Vorwort zu Wilhelm Voigts Erinnerungen schrieb) und Bildern von Paul Haase eingeflossen. Das erste Zehntausend dieses *Hauptmanns von Köpenick* erschien bereits am 27. Oktober 1906.

Am 28. Oktober 1906 veröffentlichte der Berliner humoristische Schriftsteller Fedor Freund die „Schauermär von Köpenick“ in der *Berliner Illustrirten Zeitung*. Hier wurde im Stil der Moritaten berichtet:

Höret Leute die Geschichte
Von dem großen Gaunertrick
Der gelang dem frechen Wichte
In der Spreestadt Köpenick.
Seht ihn hier auf diesem Bilde,
Der die Räuberei vollbracht
Als er Böses führt im Schilde
Und die Tat hat ausgedacht.

Ähnlicher Art dürfte der im Verlag der Lustigen Blätter erschienene *Hauptmann von Köpenick oder Der geschundene Bürgermeister* (1906) gewesen sein.

Aus den angeführten Zeugnissen geht hervor, welch überwältigendes Echo die Tat des Wilhelm Voigt auslöste. Das Ausland, beziehungsweise die nichtdeutschsprachige Presse sparte ebenfalls nicht mit Kommentaren, schriftstellerischen oder gar dichterischen Bemühungen. Das geht aus der Tatsache hervor, daß Albert Brinitzer noch im Jahre 1906 ein *Denkwürdigkeiten des Hauptmanns von Köpenick. Der „Räuber-Hauptmann" in der internationalen Karikatur und Satire* benanntes Büchlein herausgeben konnte.

Den ersten Schritt von Moritaten und ähnlichen Produkten zu einer Bearbeitung für das Theater tat Hans von Lavarenz mit seinem *Der Hauptmann von Köpenick. Ein Lustspiel in 4 Aufzügen* (Berlin 1906). Eine Aufführung dieses Lustspiels läßt sich nicht nachweisen. Dagegen gibt der *Neue Theater-Almanach* Auskunft über drei *Der Hauptmann von Cöpenick* betitelte Stücke, die sämtlich in Süddeutschland und im Raum der österreichisch-ungarischen Monarchie aufgeführt wurden. Die Untertitel lassen darauf schließen, daß das Possenhafte und Komische bei diesen Bearbeitungen im Vordergrund stand.

Es handelt sich um einen „Einakter" von Adolf Schlegel (zuerst aufgeführt in Triest am 9. November 1906), um Fritz Fischer-Schlotthauers *Satirisch-burleske-musikalische Tragikomödie in einem tollen Akt* (uraufgeführt vom Mainzer Stadttheater am 21. November 1906) und ein *Lustspiel in 3 Akten* von A. Adolphus (A. Czecke), das im Innsbrucker Stadttheater am 31. Januar 1907 seine erste Aufführung erlebte.

Auch der von einem Kieler Varieté 1908 in Szene gesetzte *Hauptmann von Köpenick* mag nicht mehr vorgestellt haben als eine drastische Posse. Wilhelm Voigt hatte – so schreibt er in einem vom 14. September 1908 datierten Brief an einen Herrn Kalnberg – „großes Verlangen und Interesse", sich die Vorstellung anzusehen. Obwohl er eigens nach Kiel reiste, um der Aufführung beizuwohnen, wurde ihm von den Behörden das Betreten des Zuschauerraums untersagt, da man einen Auflauf befürchtete.

Wilhelm Voigt steuerte seine eigene Darstellung der Köpenickiade bei: *Wie ich Hauptmann von Köpenick wurde. Mein Lebensbild* (1909). Das Buch, das in Zusammenarbeit mit dem damals sehr bekannten Kriminalschriftsteller Hans Hyan entstand, erzählt den Lebensweg Voigts von seiner traurigen Kindheit in Tilsit an. Im Gegensatz zu den bisher erwähnten Bearbeitungen der Köpenickiade enthält das Buch wenig Humor. Wilhelm Voigt hält sich etwas auf seine militärischen Kenntnisse zugute und bagatellisiert den Kassenraub, indem er das Motiv der Paßbeschaffung stark in den Vordergrund schiebt. Das Buch verkaufte sich gut; 1931 kam eine Neuausgabe heraus.

Nach der Veröffentlichung von Wilhelm Voigts *Lebensbild* schien vorerst kein weiterer Bedarf an literarischen Köpenickiaden zu bestehen. Rottländers *Der Hauptmann von Köpenick. Ein Schauspiel in 5 Aufzügen* (Leipzig 1912) kann als eine Art Nachzügler betrachtet werden.

Erst um 1930 beginnt man sich erneut mit dem falschen Hauptmann zu beschäftigen. Wilhelm Schäfers Roman *Der Hauptmann von Köpenick* erscheint 1930 in München. Dem Auftritt Wilhelm Voigts als Hauptmann widmet Schäfer nur die letzten Kapitel seines Romans; im vorhergehenden Teil wird das nur von wenigen Lichtblicken erhellte kümmerliche Vagabundenleben Wilhelm Voigts breit entrollt. Dabei gelingt es dem Romancier, eine einleuchtende psychologische Begründung für die Rache des gedemütigten Wilhelm Voigt an den Behörden zu geben. Abgesehen von des Schusters eigener Darstellung ist dieser Roman der erste literarische Versuch einer tiefergehenden Beschäftigung mit der Köpenickiade und ihrer Hauptperson.

Obwohl sich Schäfers Roman nicht an Popularität mit Zuckmayers Drama messen kann, sprechen doch verschiedene Neuauflagen des Romans, die in den fünfziger Jahren erschienen, für ein anhaltendes Interesse an diesem Werk. Gegenüber der ernsthaften Beschäftigung mit der Person Wilhelm Voigts stellt Karl Sibers 1931 erschienenes Stück *Der falsche Hauptmann von Köpenick. Wahres Lustspiel* einen Rückfall in den populären Schwank dar.

Laut eigenem Zeugnis wollte sich Zuckmayer bei der Abfassung seines Dramas von literarischen Einflüssen freihalten. Eine Abhängigkeit Zuckmayers von den genannten Quellen – soweit sie ihm überhaupt bekannt waren – kann daher nicht angenommen werden. Auf eine Anfrage antwortete der Dichter:

„Das Buch von Schäfer habe ich mir vorsichtshalber erst nach Vollendung und Aufführung des Stücks angeschaut, wollte keine andren literarischen Einflüsse, auch nicht unbewußter Art, und fand es dann eher langweilig. Meine Quellen waren die Ausgaben der *Voss[ischen] Zeitung* von 1906 und Witzblätter aus der Zeit. Auch eine Kopie der Gerichtsakten, die aber nichts Andres ergab." (Sibylle Werner, Der Hauptmann von Köpenick, S. 102)

Entstehung

Über die Entstehung seines Stückes berichtet Zuckmayer in der Autobiographie *Als wär's ein Stück von mir:*

„... In Heidelberg wurden ... in den späteren zwanziger Jahren Sommerfestspiele veranstaltet, die einen modernistischen Qualitätscharakter hatten .... In kurzer Zeit hatten diese ‚Heidelberger Festspiele', die sich ganz auf Schauspiel beschränkten, den Ruf einer ungewöhnlichen, progressiven Veranstaltung und wurden von den Senioren der deutschen Literatur, wie Thomas Mann und Gerhart Hauptmann, gefördert, besucht und durch Ansprachen eingeleitet.

Vorläufig beschränkte man sich dort auf Glanzinszenierungen großer Dramen der Weltliteratur.... Dann aber wollte man an neue Literatur und Uraufführungen heran, nur fehlten die dafür passenden Stücke, so wurde ein finanziell ziemlich hoch bemessener ‚Anregungspreis' der ‚Heidelberger Festspiele' gestiftet, mit dem keine Verpflichtung, aber der Wunsch verbunden war, die Preisträger möchten ein dort spielbares Stück verfassen. Er kam nur einmal zur Verteilung, im Sommer 1929, und zwar gleichzeitig an René Schickele, Max Mell und mich. Ein Heidelberger Festspiel ist dabei nicht herausgekommen.

Ich hatte die ernsthafte Absicht, den Wunsch der generösen Spender zu erfüllen – mir schwebte als Stoff ein ‚Eulenspiegel' vor, den ich mir als eine poetische Kasperle- oder Wurstl-Komödie in gereimten Versen dachte, und Werner Krauß als den Hauptdarsteller, der sich in zwölf Bildern zwölfmal verwandeln sollte. . . . Ein Jahr lang plagte ich mich mit dieser Konzeption. . . . Aber der Stoff wollte sich mir nicht ergeben. . . .

Der ‚Eulenspiegel', den ich als meinen dramatischen Hauptplan betrachtete, kam nicht vom Fleck. Er scheiterte, mußte scheitern, an der Diskrepanz zwischen dem Vorwurf des alten Volksbuchs, an das ich mich zu halten versuchte, und der Zeitnähe, dem Gegenwartsgehalt, der lebendigen Wirklichkeit, die ich erstrebte. Ich war schon im Begriff, den ganzen Entwurf wegzuschmeißen und mich an eine Tragikomödie des Vormärz, ‚Das Hambacher Fest', zu machen, da wurde mir, mitten im Sommer, die Anregung zu einem Stoff zuteil, an den ich vorher nicht gedacht hatte: der ‚Hauptmann von Köpenick'. Sie kam von Fritz Kortner, meinem alten Freund, der sich meine Bewunderung und Zuneigung durch nichts verscherzen kann.

Kortner dachte zunächst an einen Film, den er inszenieren wollte, mit dem in dieser Zeit von seinem Stammpublikum ebenso wie von Literaten und Künstlern verhimmelten Erich Carow, einem originellen Vorstadt-Komiker, der im Berliner Norden seine ‚Lachbühne' betrieb. Vom ‚Hauptmann von Köpenick' wußte ich nicht mehr als jeder – die Anekdote von seinem Geniestreich im Köpenicker Rathaus, und daß er dann, nach kurzer Gefängnishaft vom Kaiser begnadigt, durch die deutschen Städte reiste und signierte Postkarten mit seinem Bild in Uniform verkaufte: so hatte ich ihn selbst bei einer Mainzer Fastnacht im Jahr 1910 gesehen. Noch zögernd ließ ich mir von meinem Verlag die alten Zeitungsberichte und Prozeßakten über den vorbestraften Schuster Wilhelm Voigt beschaffen – und plötzlich ging mir auf: *das* war mein ‚Eulenspiegel', der arme Teufel, der – durch die Not helle geworden – einer Zeit und einem Volk die Wahrheit exemplifiziert.

Denn wenn auch die Geschichte mehr als zwanzig Jahre zurücklag, so war sie gerade in diesem Augenblick, im Jahre 1930, in dem die Nationalsozialisten als zweitstärkste Partei in den Reichstag einzogen und die Nation in einen neuen Uniform-Taumel versetzten, wieder ein Spiegelbild, ein Eulenspiegel-Bild des Unfugs und der Gefahren, die in Deutschland heranwuchsen – aber auch der Hoffnung, sie wie der umgetriebene Schuster durch Mutterwitz und menschliche Einsicht zu überwinden.

Entschlossen, das Stück zu schreiben, machte ich mich von jeder mir vorgeschlagenen Zusammenarbeit frei – Kollaboration und Kollektivwerk haben mir nie gelegen –, auch war mir klar, daß ich den Stoff nur auf meine Art bewältigen könne, nicht ‚die Geißel schwingend', sondern das Menschenbild beschwörend – und zog mich zur Arbeit ins ländliche Henndorf zurück." (Als wär's ein Stück von mir, S. 438–440)

Obwohl *Der Hauptmann von Köpenick* eher „dichterisches Schauspiel" als Zeitstück war, „verband er das Volksstück mit der Zeitkomödie" (Rühle, S. 1076–1077) und wurde als Politikum aufgefaßt. „Der damalige Zeitpunkt [Herbst 1930]", berichtet Carl Zuckmayer Sibylle Werner (S. 103), „war für mich ein wesentlicher Anstoß, das Stück überhaupt zu schreiben und so zu schreiben, wie es geworden ist. Ich schrieb es ganz bewußt als Warnung (oder Exempel) – in der transparenten Märchenform – im Augenblick des Hochkommens der Nazis, die im September 1930 ihren ersten ‚legalen' Sieg durch einen riesigen Wahlerfolg für den Reichstag hatten. Natürlich war ich daher auf Mißverständnisse und Anfeindungen vorbereitet und wünschte sie sogar um der Auseinandersetzung in Deutschland willen. Trotzdem ist das Menschliche und

Überzeitliche an dem Stück, wie überhaupt an meinen Stücken, entscheidend."

Auch an anderer Stelle geht Carl Zuckmayer auf die Beziehung seines Stückes zur deutschen Gegenwart der letzten Jahre der Weimarer Republik ein:

„Die Wirkung des ‚Hauptmann von Köpenick' war tiefer und nachhaltiger als die des ‚Fröhlichen Weinberg'. Das Stück wurde, von Freund und Feind, als das Politikum begriffen, als das es gemeint war. Und bis jetzt waren die Freunde, wenigstens unter dem Teil der Bevölkerung, der überhaupt ins Theater geht oder liest, noch in der Überzahl. Gerade daß hier auch die ‚Gegenseite', das Militär vor allem, nicht blindlings verdammt und verteufelt, sondern mit dem Versuch zu dramatischer Gerechtigkeit dargestellt wurde, machte das Stück und sein Anliegen glaubwürdiger und ließ nicht das Mißtrauen und den üblen Nachgeschmack aufkommen, den betonte, einseitige Tendenz oder ‚Propaganda' immer verursacht. Es gab keine Theaterskandale, doch wütende Beschimpfungen von seiten der Nazipresse, vor allem in dem jetzt von Goebbels redigierten Berliner ‚Angriff', der mir, mit Hinblick auf eine Szene im Zuchthaus, verkündete, ich werde bald Gelegenheit haben, ein preußisches Zuchthaus von innen kennenzulernen. Auch wurde mir schon damals – für die kommende Machtergreifung – mit Ausbürgerung, Landesverweisung oder schlichtweg mit dem Henker gedroht. Schmähbriefe kamen – ich warf sie in den Papierkorb und hielt mich an die anderen, die zustimmenden und bestärkenden, die bis zum Schluß in der Überzahl waren. ‚Seit Gogols ‚Revisor' die beste Komödie der Weltliteratur', hieß es in einem spontanen Brief von Thomas Mann, den er mir nach dem Besuch der Aufführung geschrieben hatte. Das war für uns noch die Stimme Deutschlands – nicht das hysterische Geschrei der Hetzredner im Sportpalast." (Als wär's ein Stück von mir, S. 444)

Die Auseinandersetzung um die Zukunft Deutschlands wurde nicht im Theater entschieden, wo *Der Hauptmann von Köpenick* „das Lachen und die Zustimmung des Publikums in den immer ausverkauften Häusern" hervorrief, sondern „draußen auf der Straße..., [wo] es nichts mehr zu lachen [gab]", wie Carl Zuckmayer in *Als wär's ein Stück von mir* (S. 445) schrieb. Rückblickend schildert der Dramatiker die letzten Jahre der Republik wie folgt:

„Aller Zorn, aller Haß, alle Empörung richtete sich gegen diesen ‚Staat', von rechts als ‚Judenrepublik', von links als ‚Kapitalistenhofstaat' angeprangert. Die ‚Notverordnungen', mit denen die Regierung versuchte, den Extremismus auf beiden Seiten zu beschwichtigen, erreichten das Gegenteil. Kommunisten und Nazis bekämpften sich untereinander bis aufs Messer: es gab kaum eine Nacht, in der es nicht zu blutigen Gefechten und Schießereien kam. Am verhängnisvollsten wirkte sich die Verelendung des ‚unteren Mittelstandes' aus. Trotz der Hochkonjunktur, die nach der Inflation eingesetzt und eine Zeitlang so etwas wie einen allgemeinen Wohlstand vorgetäuscht hatte, war es nie zu einer Aufwertung der in der Billionenzeit weggeschmolzenen Renten, Versicherungen, Spareinlagen gekommen. Die ‚kleinen Leute', denen es in der Kaiserzeit verhältnismäßig gut gegangen war, hatten an dem ‚Aufschwung' keinen Teil gehabt und waren verbittert gegen alles, was ‚oben' saß, gegen die ‚Bonzen' der herrschenden Parteien, welche die Demokratie repräsentierten, ebenso gegen die immer noch in Wohlstand und Luxus lebenden Finanzkreise, die ihre geheime Angst mit der Hoffnung auf eine ‚neue Konjunkturwelle' betäubten. Aus diesen Mittelstandsschichten, die sich nicht ‚proletarisieren' lassen wollten und es als Schande empfunden hätten, ‚rote Sozialisten' zu sein, wuchsen den braunen, den Nationalsozialisten, die sich als deutsche Arbeiterpartei, deutsche Volksbewegung proklamierten, die ungeheuren Mitglieder- und Mitläufermassen zu. Selbst Vater Hindenburg, der im Frühjahr 1932 noch die Wiederwahl zum Reichspräsidenten mit beträchtlicher Mehrheit gegen Hitler gewonnen hatte, [war] zum Spielball divergierender ökonomischer und politischer Kräfte geworden. Schwerindustrie und ‚Reichslandbund‘, die Organisation des hauptsächlich im deutschen Osten angesiedelten Großagrariertums, standen einander feindlich gegenüber, und durch die Lücke zwischen diesen verhärteten Fronten schlüpfte Adolf Hitler wie ein Aal zu Macht.“ (Als wär’s ein Stück von mir, S. 447)

In einer Hinsicht sollten sich die Prophezeihungen der nationalsozialistischen Presse als richtig erweisen: Mit Bertolt Brecht, Alfred Döblin, Hermann Hesse, Heinrich und Thomas Mann, Robert Musil, Arnold und Stefan Zweig, Kurt Tucholsky und vielen anderen teilte Carl Zuckmayer das Los des Emigranten. Zwar war auch der im Exil lebende deutsche Schriftsteller nichts Neues – man denke nur an Heine, Börne und Büchner – doch wirkt es wie bittere Ironie, daß Zuckmayer im Schuster Wilhelm Voigt einen Mann zeigt, dem ebenfalls – trotz aller augenfälligen Unterschiede – von den herrschenden Gewalten das Recht auf Heimat abgesprochen wird. In der Emigration gewinnt der Paß, um den sich Wilhelm Voigt unaufhörlich bemüht, große Bedeutung. Im ersten Teil von Brechts *Flüchtlingsgesprächen* sagt der Untersetzte (Kalle):

„Der Paß ist der edelste Teil von einem Menschen. Er kommt auch nicht auf so einfache Weise zustand wie ein Mensch. Ein Mensch kann überall zustandkommen, auf die leichtsinnigste Art und ohne gescheiten Grund, aber ein Paß niemals. Dafür wird er auch anerkannt, wenn er gut ist, während ein Mensch noch so gut sein kann und doch nicht anerkannt wird.“

Der Große (Ziffel) stimmt Kalle zu:

„Man kann sagen, der Mensch ist nur der mechanische Halter eines Passes. Der Paß wird ihm in die Brusttasche gesteckt wie die Aktienpakete in das Safe gesteckt werden, das an und für sich keinen Wert hat, aber Wertgegenstände enthält.“

Die hier mit hintergründiger Ironie vorgebrachte Erfahrung des Emigrantendaseins, daß der Mensch erst Mensch ist, wenn es ihm ordnungsgemäß bescheinigt worden ist, findet ihre Entsprechung bereits im *Hauptmann von Köpenick*.

Wort- und Sachkommentar

„Nein“, sagte der Zwerg, „laßt uns vom Menschen reden! Etwas Lebendiges ist mir lieber als alle Schätze der Welt!“ – Dieses Zitat aus den *Kinder- und Hausmärchen* der Brüder Grimm („Rumpelstilzchen“) sollte richtig heißen: „Die Königin erschrak und bot dem Männchen alle Reichtümer des Königreichs an, wenn es ihr das Kind lassen wollte; aber das Männchen sprach: ‚Nein, etwas Lebendes ist mir lieber als alle Schätze der Welt‘.“ Das Zitat findet sich in den folgenden Ausgaben des *Hauptmann von Köpenick*: Erstausgabe (Berlin 1931), *Die deutschen Dramen* (Frankfurt am Main/Berlin 1951), S. Fischer Schulausgabe (Frankfurt am Main 1952), Schulausgabe von H. F. Garten (New York 1961), *Meisterdramen* (1966). Es fehlt in den *Gesammelten Werken*, Bd. 3 (S. Fischer 1960) und in der Ausgabe der Fischer Bücherei (Frankfurt am Main/Hamburg 1961).

I,1

(Alle Seitenangaben beziehen sich auf die Ausgabe in der Fischer Bücherei [1961; 413.–462. Tausend: Januar 1971])

S. 7 *Potsdam:* zur Zeit der Handlung des Stückes Garnisonstadt; ehemalige Residenz preußischer Könige; eng mit der militärischen Tradition Preußens und des 1871 neu begründeten Deutschen Reiches verflochten; *Queue* (frz.): Schwanz, Ende (einer militärischen Formation); *Garde:* ursprünglich die fürstliche Leibwache, später eine Elitetruppe. Das preußische Gardekorps stand in Berlin, Potsdam, Jüterbog; *Kgl. preuss. Hoflieferant:* Kaufleute, die den Hof des preußischen Königs belieferten, durften diesen Titel führen; *Epauletten* (frz.): „Schülterchen“: Schulterstücke an Uniformen; *Feldbinde:* Gürtel aus silbernem Schärpenband; Rangabzeichen des Offiziers im preußisch-deutschen Heer; *Studentische Couleur:* Kennzeichen (Farben) der studentischen Verbindungen; *Buxen:* Hosen; *akkurat jenau:* ganz genau.

S. 8 *Gardeleben kost ja sowieso 'n tollen Stiefel:* das Leben als Gardeoffizier kostet ohnehin eine Menge Geld; *Kasten:* Gefängniszelle beim Militär; *Finger lang, und Luftklappe jeschlossen:* Umschreibung für die stramme Haltung des Soldaten, der nicht ungefragt sprechen durfte; *tipptopp:* tadellos.

S. 9 *Pojazz:* Spaßmacher.

S. 10 *mittenmang in de Mitte:* genau in die Mitte; *Stechschritt:* der Paradeschritt in der preußisch-deutschen Armee; *der alte Fritz:* Spitzname für König Friedrich II. von Preußen (den Großen); *kategorischer Imperativ:* Sittengesetzliche Forderung des Philosophen Kant (1724–1804), die lautet: „Handle so, daß die Maxime deines Willens jederzeit zugleich als Prinzip einer allgemeinen Gesetzgebung gelten könne.“ – *Exerzierreglement:* Militärisches Regel- und Übungsbuch für die Ausbildung in Waffenhandhabung und Truppenbewegung.

S. 11 *jovial:* leutselig, herablassend; *Geflochtene Achselstücke:* Rangabzeichen eines Majors; *Montur:* Uniform.

I,2

S. 12 *Gendarmeriesäbel:* Waffe der Polizei, bzw. Landpolizei; *Pickelhaube:* Helm mit Messingspitze für Polizei und Militär; *Potsdamer Glockenspiel:* das Glockenspiel der Potsdamer Garnisonskirche. Dort erklang die Melodie des Liedes von Hölty (1748–1776): „Üb' immer Treu und Redlichkeit / Bis an dein kühles Grab." – *Pardong* (frz.): Pardon; Verzeihung; Entschuldigen Sie; *Portepee:* mit Silber bestickter Lederriemen mit Quasten. Diente zum Tragen des Säbels; *Kommissär:* Kommissar, Beamter im Polizeidienst, in der Rangordnung höher stehend als Wachtmeister und Oberwachtmeister; *inkrimmenieren:* inkriminieren: beschuldigen, anklagen. Voigt meint wohl, daß er nichts mit einem Amtsgeheimnis zu tun haben möchte.

S. 13 *Wuhlheide:* Waldgegend, heute im Verwaltungsbezirk Köpenick (Ost-Berlin) gelegen. Weder die Wuhlheide noch die Stadt Köpenick waren zur Zeit der Handlung des Dramas in die Stadt Berlin eingemeindet; *Plötzensee* (Kurzform: Plötze): Strafgefängnis im Regierungsbezirk Potsdam nordwestlich von Berlin. Gehört heute zum Verwaltungsbezirk Charlottenburg (West-Berlin).

S. 16 *Alex:* kurz für Alexanderplatz in Berlin, wo sich das Polizeipräsidium befand; *rausjeflammt:* hinausgeworfen.

S. 17 *menschliche Konstitution:* Körperbeschaffenheit, Verfassung des Menschen.

I,3

S. 18 *Café National:* „vor und bis kurz nach dem Ersten Weltkrieg das Stammlokal der Berliner ‚besseren Halbwelt'" (Zuckmayer, Als wär's ein Stück von mir, S. 445); *Portiertür:* Türöffnung mit Türvorhang; *Bonne Queue:* Name eines Billiardklubs. Etwa mit „Glücklicher Billiardstock" zu übersetzen (Queue auch Bezeichnung für den Billiardstock); *lackeln:* herumstehen; *Wannsee:* heute: Ortsteil des Bezirks Zehlendorf in West-Berlin. Am Großen Wannsee gelegen, Villenviertel und Sommerfrische. Um 1900 zum Regierungsbezirk Potsdam gehörend; *Zoo:* der Bahnhof Zoologischer Garten; *Moabit:* heute: Teil des Verwaltungsbezirks Tiergarten. Sitz eines Kriminalgerichts mit Untersuchungsgefängnis.

S. 19 *Kanapee:* Sofa, Couch; *Zichorje:* Zichorie (aus der Wegwarte gewonnener Kaffeeersatz); *Schrippe* (berlinisch): Brötchen; *Passasche:* die Passage an der Prachtstraße „Unter den Linden" war ein bekannter Durchgang, an dem Geschäfte lagen; *Kies* (Gaunersprache): Geld; *de letzten Morikaner:* der Titel von J. F. Coopers bekanntem Indianerroman lautet in deutscher Übersetzung: *Der Letzte der Mohikaner.* In übertragener Bedeutung: das letzte Stück (Geld).

S. 20 *des Kaisers Rock:* Uniform; *blauer Lappen:* ein Hundertmarkschein, der im Kaiserreich blau war; *Lohjerber:* Lohgerber, ein Handwerker, der Leder aus Tierhäuten herstellt; *Pollacken:* Schimpfname für die Polen; *Kammer:* Aufbewahrungsort für Bekleidung, Kleiderkammer; *Posen:* das heutige Poznan in Polen. Vormals preußisch; *Knastschieber:* jemand, der im Gefängnis (Knast) gesessen hat.

S. 21 *Pikkolo:* Kellnerlehrling; *Karambolage:* beim Billiardspiel das Anstoßen eines Balles an die beiden anderen; *Effet:* Drehung eines Billiardballes, der beim Anschlagen eine andere Richtung annimmt.

S. 22 *Allasch:* Kümmellikör; *Assistent im Frauenkloster in der Charité:* Assistenzarzt in der Frauenabteilung der Charité (Berliner Universitätsklinik); *in Staatsbürjerkluft:* in Zivil; *Bongkö:* Bonne Queue; *de quicksten Billiardfritzen:* die flinksten, muntersten Billiardspieler; *Siebenjähriger Krieg:* Kampf Preußens um seine Existenz (1756–1763) gegen Österreich, Frankreich, Rußland, deutsche Reichsfürsten. Im Frieden von Hubertusberg konnte Preußen seine Stellung als europäische Großmacht behaupten; *Linieninfantrist:* nicht zur Garde gehörender Infanterist.

S. 23 *bunter Rock:* Uniform; *voluminös:* dicklich, umfänglich; *quallig:* aufgeschwemmt; *degoutiert:* angeekelt, angewidert; *Plörösenmieze:* Spitzname für eine der Halbweltdamen im Café National. Wahrscheinlich so benannt wegen ihrer Vorliebe für die um 1900 modischen langen geknüpften Straußenfedern (Pleureuse), die zum Schmuck von Damenhüten dienten. *Mieze:* Marie.

S. 24 *Sanatorium:* scherzhafte Umschreibung für Gefängnis; *Erbkomtesse:* eine unverheiratete Gräfin, die eine große Erbschaft machen wird oder gemacht hat.

S. 25 *Kadettenkorps:* die (jugendlichen) Angehörigen einer Anstalt, in der sie zu Offiziersanwärtern ausgebildet wurden; *Zwanzigpfundmyom:* großes Muskelgewebegeschwulst; *Griffekloppen:* Gewehrübungen; *Morjenstund is aller Laster Anfang ... Müßigjang hat Jold im Munde:* witzige Verdrehung der beiden Sprichwörter: *Müßiggang ist aller Laster Anfang* und *Morgenstunde hat Gold im Munde.*

S. 26 *Molle:* mollige Frauensperson; *un de zweite folcht sogleich:* frei nach Wilhelm Buschs *Max und Moritz* (1865): „Dieses war der erste Streich, / Doch der zweite folgt sogleich." – *„Dieset kleene Aas, macht forn Taler Spaß":* von Straßenhändlern zur Anpreisung von mechanischem Spielzeug verwendeter Spruch. Von Kalle als sexuelle Anspielung gebraucht. *Taler:* drei Mark.

S. 27 *Zavalier:* Kavalier; *Karbolschnauze:* Karbol bzw. Karbolsäure wird besonders in Krankenhäusern als Desinfektionsmittel benutzt. Etwa: giftiges Mundwerk; *Penne:* hier: Schlafstätte; *breißischer Daler:* preußischer Taler; *Gardegrenadier:* Gardeinfanterist.

S. 28 *Schützenschnur:* wurde für gute Schießleistungen verliehen; *ausjemickert:* zu schwach, zu kümmerlich; *Jardedükör:* Gardedukorps, (Leib)garde; *Marie:* Geld; *buntes Fell:* Uniform; *zehn Märker:* zehn Mark.

S. 29 *„Jloobste denn, jloobste denn, ...":* auch: „Denkste denn, denkste denn, / Du Berliner Pflanze, ..." Beliebter Berliner Schlager. *Balina Pflanze:* die kesse, energische Berlinerin; *Webefehler:* einen Webefehler haben = nicht bei Verstande sein; *Manoli linksrum:* von manoli sein = verrückt sein. Abgeleitet von der Berliner Zigarettenfabrik Manoli, die eine kreisende Bewegung vortäuschende Lichtreklame besaß. Man führt ebenfalls eine Drehbewegung vor dem Kopf aus um anzudeuten, daß jemand nicht ganz richtig im Kopf ist; *Kamuffel:* Dummkopf (wahrscheinlich von Kamel); *Seitengewehr:* kurze Seitenwaffe, die als Bajonett auf das Gewehr aufgesteckt und als Haumesser benutzt werden kann; *retirieren:* sich zurückziehen, zurückweichen.

S. 30 *Charge:* Dienstgrad, Vorgesetzter. Der Grenadier meint, daß von Schlettow in Zivil nicht Charge sein könne; *Deez:* Kopf.

I,4

S. 31 *Prokurist:* bevollmächtigter Angestellter einer Firma; *Axolotl:* mexikanischer Wassermolch; *„Matchiche": Machiche,* Singweise, zu der auch andere Texte als der hier angegebene gesungen wurden; *Kiepe:* viereckiger Tragkorb.

S. 32 *Sticker zwanzig:* ungefähr zwanzig (Stück); *Tempelhof:* heute: Verwaltungsbezirk im Süden West-Berlins; *Loiberregiment* (bayrisch): Leibregiment, der Garde vergleichbar.

S. 33 *Stammrollenauszug:* Nachweis über geleisteten Militärdienst.

I,5

S. 34 *Nippes:* kleine Ziergegenstände.

S. 35 *in Kommission übernehmen:* hier: im Auftrag von jemand anderem verkaufen; *Kornklitsche:* (kleines) landwirtschaftliches Gut, auf dem hauptsächlich Korn angebaut wird.

I,6

S. 36 *Pennbrüder:* Landstreicher; *Vizefeldwebel:* Unteroffiziersrangstufe, Offiziersstellvertreter; *Berliner Norden:* hier befanden sich die ärmeren Stadtviertel; *Karbidlampe:* Lampe, die mit Azetylengas gespeist wird.

S. 37 *Schöf:* Chef; *Hiaglgwimpffn bei Sanktmariägschwändt:* es handelt sich wohl um erfundene Orts- oder Gehöftnamen; *unziseliert:* unzivilisiert; *inkommodieren:* belästigen, Ungelegenheiten machen; *Gfrett* (bayrisch): Ärger, ständige Mühe.

S. 38 *Weddingmatrose:* Landratte. Wedding ist ein Berliner Arbeiterbezirk; *Panke:* kleiner Fluß, der in Berlin in die Spree mündet; *Polente:* verächtlich für Polizei; *bibbern* (Umgangssprache): zittern, beben.

S. 39 *wahrer Jakob* (Umgangssprache): der rechte Mann. Hier: einen guten Schluck tun; *Drilchhosen:* Hosen aus Drillich, einem Leinen- oder Baumwollgewebe; *Kommißbüchsen:* Soldatenhosen; *suhm kwickwe:* Suum cuique (Jedem das Seine). Seit Friedrich I. (erster König in Preußen, 1701–1713) Wahlspruch Preußens.

S. 40 *Masseltopp:* großartige Sache; *ausbaldowern* (Gaunersprache): auskundschaften; *de behmische Grenze:* Böhmen ist das Kernland der Tschechoslowakei. Gehörte bis 1918 zu Österreich; *Budweis:* Stadt im Südwesten der heutigen Tschechoslowakei.

S. 41 *Musketier:* Infanterist; Fußsoldat, der mit einer Muskete (Gewehr) bewaffnet war; *Nulluwehr:* Null ouvert: ein Spiel beim Skat, in dem die Karten offen sind; *Jrunewald:* Grunewald, heute Ortsteil im Verwaltungsbezirk Berlin-Wilmersdorf. Im Südwesten der Stadt gelegenes beliebtes Ausflugsziel; *Jäck:* Verrückter; jäck (niederrheinisch): verrückt; *Rabattentreterbatalljon:* Umschreibung für die Gruppe von Landstreichern in der Herberge. *Rabatten:* schmale Beete zur Einfassung von Wegen und Rasenflächen; *schwarzes Revier:* Gebiet, in dem Kohlenbergbau getrieben wird; *ne fiese Möpp* (niederrheinisch): etwa: ein ekelhafter Kerl.

S. 42 *in Effekt:* Jupp meint „im Affekt." Eine im erregten Gemütszustand oder Affekt begangene Straftat wird gewöhnlich milde beurteilt; *Schippe:* Spielkartenfarbe: Grün, Pik; *Browwing:* Browning, eine kleine Selbstladepistole.

S. 43 *Riesengebirge:* Teil des Sudetengebirges.

S. 44 *Zapfenstreich:* militärisches Abendsignal zur Rückkehr in die Kaserne; *Piek:* Pik, Spielkartenfarbe; *Daus:* As in der Spielkarte; *Latichte:* Laterne; *Klöhnbruder:* von niederdeutsch klönen: gemütlich plaudern. Hier: jemand, der zu viel spricht; *Schnadahüpfel* (bayrisch-österreichisch): neckendes Stegreifliedchen; *Budiker:* Besitzer eines kleinen Ladens oder einer Kneipe; *proppen:* pfropfen (mit sexueller Anspielung); *Watschen* (süddeutsch): Ohrfeige; *Saukobfeter Saukobf saukobfeter* (süddeutsch): wörtlich: saukopfartiger Saukopf (Adjektiv zur Bekräftigung wiederholt). Schlechter, gemeiner Kerl.

S. 45 *Tippelkunden:* Landstreicher; *tiptop* (Umgangssprache, aus dem Englischen): tipptopp, tadellos; *kiebitzen:* beim Kartenspiel zuschauen; *Wanderschein:* Ausweispapiere für Landstreicher.

S. 46 *Appell:* Antreten zur Prüfung der Ausrüstung, etc.

S. 47 *Wackes:* Schimpfname für einen Elsässer; Elsaß-Lothringen gehörte von 1871 bis 1918 zum Deutschen Reich; *Reichstag:* das Parlament im Kaiserreich und in der Weimarer Republik.

I,7

S. 48 *unterm Strich:* das untere Viertel einer Zeitungsseite, das dem kulturellen Teil, dem Feuilleton, vorbehalten war. Das Feuilleton war von den Nachrichten aus Politik, Wirtschaft, etc. durch einen Strich getrennt; *Gerhart Hauptmann-Premiere im Deut-*

schen Theater: Die Uraufführung eines Dramas von Gerhart Hauptmann (1862 bis 1946) in Max Reinhardts Deutschem Theater war zur Zeit der Handlung des Stückes ein bedeutendes kulturelles Ereignis. „Für mich war und ist [Hauptmann] die größte Dichtergestalt des Jahrhunderts, ..." (Zuckmayer, Als wär's ein Stück von mir, S. 420); *Alfred Kerr:* eigentlich Alfred Kempner (1867–1948), einer der bedeutendsten Theaterkritiker Berlins von etwa 1900 bis zum Ende der Weimarer Republik; *impertinent:* unverschämt; *Rominten:* Jagdschloß Wilhelms II. in der Rominter Heide im ehemaligen Ostpreußen; *Litewka:* leichte, blusenartige Uniformjacke.

S. 49 *Einjähriger:* auch Einjährig-Freiwilliger, der auf Grund seiner höheren Schulbildung nur ein Jahr zu dienen brauchte; *Bataillonsadjutant:* beigeordneter Offizier, Helfer des Kommandeurs; *Leutnant der Reserve:* Offizier der Reserve, d. h. des beurlaubten Teils des Heeres. Die Verpflichtung, in der Reserve zu dienen, bestand 4–5 Jahre. Die Reserveoffiziere konnten zu drei 4–8wöchigen Übungen herangezogen werden. Siehe S. 59; *Equipierung:* Ausrüstung, Ausstattung eines Offiziers; *Darwinismus:* Theorie des englischen Biologen Charles Darwin (1809–1882) über die stammesgeschichtliche Entwicklung der Lebewesen, die auch in Deutschland viele Anhänger fand. Wormser will sagen, daß alle Dienstgrade unter dem Leutnant den niederen Lebewesen zuzurechnen sind und sich durch natürliche Zuchtwahl zum Menschen, d. h. zum Offizier, entwickeln.

S. 50 *Nationalökonom:* Volkswirtschaftler; *Fortschrittliche Volkspartei:* 1910 durch den Zusammenschluß dreier linksradikaler Gruppen gegründete Partei. Ging 1918 in der bürgerlich-republikanischen Deutschen Demokratischen Partei auf; *bong:* frz. bon; gut, in Ordnung; *quittieren:* den Dienst verlassen, seinen Abschied nehmen; *„cherchez la femme"* (frz.): Forscht nach der Frau, d. h. eine Frau war die Ursache der Skandalaffäre.

S. 51 *Kleider machen Leute:* Sprichwort; Titel der bekannten Novelle von Gottfried Keller; *Freie Bahn dem Tüchtigen:* Abwandlung eines vom Reichskanzler von Bethmann-Hollweg gebrauchten Wortes. Der Reichskanzler sagte am 28. September 1916 im Reichstag: „Freie Bahn für alle Tüchtigen!"; *Devise:* Wahlspruch, Losung; *Die Idee der individuellen Freiheit ... angewandte Demokratie:* das Deutsche Reich war eine konstitutionelle Monarchie; der König von Preußen war erblicher deutscher Kaiser. Im Reichstag besaß das Deutsche Reich ein demokratisch gewähltes Parlament, dem der vom Kaiser ernannte Reichskanzler jedoch nicht verantwortlich war; *Offizierskoppel:* breiter Ledergürtel; *Bandelier:* Schulterriemen, Wehrgehenk.

S. 52 *Polka:* ein Rundtanz.

II,8

S. 53 *Sonnenburg:* Kleinstadt östlich der Oder, in der Nähe Küstrins; *„Bis hierher hat uns Gott geführt..."*: Anspielung auf ein evangelisches Kirchenlied aus dem 17. Jahrhundert. Der Beginn lautet: „Bis hierher hat mich Gott gebracht / durch seine große Güte, / bis hierher hat er Tag und Nacht / bewahret Herz und Gemüte, ...; *Sieg bei Sedan:* entscheidender Sieg der Deutschen über die Franzosen unter Mac Mahon am 1./2. September 1870, bei dem der französische Kaiser Napoleon III. gefangengenommen wurde. Der 2. September war im deutschen Kaiserreich Nationalfeiertag.

S. 54 *Genietruppen:* veraltet für technische Truppen, Pioniere; *Train:* veraltet für Versorgungstruppen; *Sanität:* Sanitätstruppen; *Kassiber:* heimliche schriftliche Mitteilung von Gefangenen an Gefangene.

S. 55 *Walstatt:* hochtrabende Bezeichnung für Schlachtfeld, Kampfstätte.

S. 56 *kriegsstarke Division:* Heeresabteilung, die aus etwa 10000–12000 Mann besteht. Siehe auch Bulckes Erläuterung; *General Boulanger:* französischer Kriegsminister (1886–1887); *Brigade:* Einheit aus mehreren Truppenteilen (Regimentern) derselben Waffengattung; *Infanterieregiment:* Truppeneinheit aus zwei bis vier Bataillonen unter einem Obersten oder Oberstleutnant; *Armeeoberkommando:* oberster militärischer Führungsstab.

S. 57 *Etappe:* eigentlich das Nachschubgebiet hinter der Front. Hier: Versorgungstruppen, etc.; *westpreußisches Grenadierregiment:* Infanterieregiment aus Westpreußen, einer ehemaligen preußischen Provinz zwischen Ostsee, Ostpreußen, Posen, Polen und Pommern. Heute polnisch.

II,9

S. 58 *Rixdorf:* bis 1912 Name von Neukölln, 1920 Berlin eingemeindet (heute Verwaltungsbezirk West-Berlins); *Unteroffizierstressen:* Borte, Einfassung.

S. 59 *Reservisten, Landwehr:* seit 1888 begann die Wehrpflicht mit dem 20. Lebensjahr und gliederte sich in 2 oder 3 Jahre aktiven Dienst, 4 Jahre Reservedienst, 5 Jahre Dienst in der Landwehr 1. Aufgebots und bis zum 39. Lebensjahr Dienst in der Landwehr 2. Aufgebots. Besonders die Landwehr 2. Aufgebots unterlag im Frieden keiner besonderen militärischen Kontrolle. Siehe S. 49; *Kaisermanöver:* Truppenübungen, die in Anwesenheit des Kaisers durchgeführt wurden.

S. 60 *Militäranwärter:* aktiver Soldat, Berufssoldat mit Anspruch auf Zivilversorgung nach dem Ausscheiden aus dem Dienst; *Vize:* Vizefeldwebel, Offiziersstellvertreter; *Portepeesäbel:* Säbel, der am Portepee (siehe S. 12) getragen wird.

S. 61 *Einundzwanziger-Leibgrenadiere:* das einundzwanzigste Leibgrenadierregiment. Leibregimenter wurden oft von hochgestellten Persönlichkeiten kommandiert und besaßen großes Ansehen.

S. 64 *Kokarden:* Rangabzeichen an Dienstmützen; *Feldwebelleutnant:* Dienstgrad bei den Ersatztruppen, niedrigster Offiziersrang.

II,10

S. 65 *Köpenick:* heute Verwaltungsbezirk in Ost-Berlin. Zur Zeit der Handlung noch nicht eingemeindet; *Madonna della Sedia:* Gemälde von Raffael; *Adam von Michelangelo:* Detail des Freskos „Die Erschaffung Adams“ in der Sixtinischen Kapelle; *junonisch:* von Juno, Gemahlin Jupiters: erhaben, majestätisch, stattlich, üppig.

S. 66 *Spandau:* bis 1920 selbständiger Stadtkreis im Westen Berlins. Heute Verwaltungsbezirk West-Berlins.

S. 67 *Regimentsadjutant:* dem Regimentskommandeur zugeteilter Offizier.

S. 68 *sich arrangieren:* hier: sich zurechtmachen, in Ordnung bringen; *„Steh ick in finstrer Mitternacht“:* populäres Soldatenlied.

II,11

S. 70 *„Vorwärts“:* sozialdemokratische Zeitung.

S. 72 *Konzession:* die Erlaubnis zum Ausschenken von alkoholischen Getränken.

II,12

S. 73 *larmoyant:* rührselig, weinerlich.

S. 74 *klönen* (niederdeutsch): gemütlich plaudern; *auf Jesanges Flügeln:* vgl. dazu Heines Gedicht im *Lyrischen Intermezzo* (1823), dessen Anfangszeilen lauten: „Auf Flügeln des Gesanges, / Herzliebchen, trag ich dich fort, ..." *Auf Flügeln des Gesanges* ist ebenfalls der Titel eines Berliner Volksstücks von 1913; *sie säen nich, sie ernten nich, ...:* Anspielung auf Matthäus 6,26.

S. 75 *Müggelberge:* Hügelkette südöstlich von Köpenick; *Werder:* Stadt an der Havel in der Nähe von Potsdam mit ausgedehntem Obstbau; zur Zeit der Baumblüte findet dort ein Volksfest statt.

S. 76 *„Puppchen, du bist mein Augenstern":* beliebter Berliner Schlager aus der Posse *Das Puppchen* (1912) mit der Musik von Jean Gilbert (Max Winterfeld).

S. 77 *„Wie kann man da lustig sein, ...":* die Stelle aus den *Bremer Stadtmusikanten* ist wahrscheinlich aus dem Gedächtnis zitiert. Esel, Hund und Katze bewegen den Hahn, sich ihnen anzuschließen. Der Esel sagt zum Hahn: „... etwas Besseres als den Tod findest du überall; ..."

S. 77/78 *Rixdorf, Reinickendorf, Neukölln, Groß-Lichterfelde:* Amtsbezirke, bzw. Ortschaften in der Nähe des damaligen Berlins. Die dem historischen Wilhelm Voigt zustehende Frist betrug 14 Tage.

S. 78 *Abfuhr per Schub:* Zwangsausweisung.

II,13

S. 78 *Rittmeister:* Offizier bei der Kavallerie im Range eines Hauptmanns; *Dressel:* bekanntes Berliner Restaurant; *Festcouplet:* ein aus Anlaß des Manöverballes gedichtetes und komponiertes Lied.

S. 79 *Studikerzeit:* Studentenzeit; *Exkneipe* (Studentenjargon): Zusammenkunft von Korpsstudenten zum Singen und (Ex)trinken; *Löffele mich:* darauf trinke ich.

S. 80 *Herrenreiter:* Rennreiter auf eigenem Pferd (im Gegensatz zu den bezahlten Jokkeys); *Silentium strictissimus:* sollte richtig heißen: Silentium strictissimum (strengstes Schweigen); *Kommerzienrat:* Titel für Großkaufleute und Industrielle.

S. 81 *Liebesmahl:* festliches Essen im Offizierskorps.

S. 82 *an der Majorsecke klebenbleiben:* nicht weiter als bis zum Major befördert werden; *clam heimlich:* ganz heimlich (Umgangssprache).

S. 83 *Trakehner:* Pferderasse, benannt nach dem Gestüt Trakehnen im ehemaligen Ostpreußen; *Furore machen:* Aufmerksamkeit erregen, Beifall erringen.

S. 84 *desperat:* verzweifelt.

II,14

S. 86 *Etatverkürzung:* Verringerung der Geldmittel, die zur Besoldung des Heeres zur Verfügung standen und vom Reichstag bewilligt wurden.

S. 87 *lamentieren:* jammern klagen; *Adlerknöppe und Silberkokarden:* mit dem Reichsadler versehene Knöpfe an der Uniform; mit Silber bestickte Kokarden.

S. 88 *befördern:* Wortspiel von Voigt, der die zwei Bedeutungen des Wortes benutzt. Hoprecht ist nicht aufgerückt, Voigt wird des Landes verwiesen.

S. 89 *Treu und Glauben:* Jesaias 33,8.

S. 90 *Muschik:* im zaristischen Rußland der Bauer, der Mann aus dem Volke.

S. 91 *Schnösel:* dummfrecher junger Mensch.
S. 92 *knickerich:* knickerig, geizig, knauserig.

III,15

S. 93 *Grenadierstraße:* Straße in der Nähe des Alexanderplatzes; *Ghettogestalt:* Gestalt, die noch besonders deutlich die charakteristischen Eigenschaften und Merkmale des Ghettos, eines den Juden vorbehaltenen abgeschlossenen Stadtteils, zeigt. Ghettos bestanden noch bis zur Judenemanzipation im 19. Jahrhundert; *Sally:* Kurzform für Salomo.

S. 94 *Louis:* Ludwig. Bezeichnung für den französischen Soldaten seit dem 17. Jahrhundert; *Lea:* hebräischer Eigenname; *Goy:* Ursprünglich die hebräische Bezeichnung für Volk, dann für einen Christen; *nebbich* (jiddisch): leider, schade; *de historische Windmühle:* Windmühle im Schloßpark von Sanssouci (siehe S. 96), mit deren Müller Friedrich II. in einen Rechtsstreit geriet; *Pierrot:* männliche Figur des italienisch-französischen Stegreiflustspiels; *Bolle:* ballähnliche, kugelförmige Gebilde, die vorn auf das Kostüm des Pierrots aufgenäht sind; *Kaubeu:* Cowboy; *Maharadscha:* indischer Großfürst; *Bur:* südafrikanischer Ansiedler; *Gardelitzen:* Rangabzeichen an einer Gardeuniform.

S. 95 *Feldbinde:* siehe S. 7; *Roches* (jiddisch): Neid, Eifersucht; *Gardestern:* der Gardestern gibt zu erkennen, daß es sich bei dem Träger des Säbels um einen Gardeoffizier handelt.

S. 96 *Domino:* mantelartiges Maskenkostüm.

III,16

S. 96 *Sanssouci:* auf Veranlassung und nach Plänen Friedrichs II. erbautes Rokokoschloß in Potsdam; *martialisch:* kriegerisch, streitbar; *Emser Pastillen:* Tabletten aus dem Heilbad Ems.

S. 97 *Kürassier:* schwerer Reiter; *Mumpitz:* Schwindel.

S. 98 *die Herren vom grünen Tisch:* die Theoretiker und Planer im Gegensatz zu den bei der Truppe Dienenden; *Marokkokrise:* es handelt sich wohl um die *zweite* Marokkokrise, die durch die Entsendung des deutschen Kanonenboots *Panther* nach Agadir am 1. Juli 1911 ausgelöst wurde. Deutschland will durch diesen Schritt gegen den wachsenden französischen Einfluß in Marokko protestieren, erleidet aber eine diplomatische Niederlage, da es die französische Schutzherrschaft in Marokko anerkennen muß; *der Balkan, das ewige Pulverfaß:* der Balkan war in den Jahren vor dem Ersten Weltkrieg ein ständiger Krisenherd. Die Erschießung des österreichischen Erzherzogs Franz Ferdinand und seiner Gemahlin in der bosnischen Landeshauptstadt Sarajewo durch einen nationalistisch gesinnten Serben wurde der Anlaß für den Ausbruch des Ersten Weltkriegs; *Ersatzreserve:* Ersatztruppen (Landwehr), die im Frieden nicht zu militärischen Übungen einberufen wurden. Siehe auch S. 59; *Friedenskaiser:* Beiname Wilhelms II.; *Halluminationen:* der zweite Offizier meint Halluzinationen, Sinnestäuschungen.

S. 99 *Veteran:* früherer Feldzugsteilnehmer; *deklamieren:* ausdrucksvoll vortragen; *„Der reinen Wolken unverhofftes Blau“:* Zeile eines Gedichts aus *Das Jahr der Seele* (1897) von Stefan George. Die erste Strophe lautet: Komm in den totgesagten park und schau: / Der schimmer ferner lächelnder gestade. / Der reinen wolken unverhofftes blau / Erhellt die weiher und die bunten pfade; *Kapotthut:* Hut mit Bändern zum Binden.

III,17

S. 100 *Schlesischer Bahnhof:* Bahnhof im Osten von Berlin (heute Ostbahnhof); *Hauptblockstelle:* Sicherheitseinrichtung im Eisenbahnwesen, von der aus der Verkehr überwacht wird.

S. 101 *Stahnsdorf:* Gemeinde in der Nähe von Potsdam; *Gesamtbauetat:* Kostenvoranschlag für den Bau.

III,18

S. 102 *ne halbe Rotspohn:* eine halbe Flasche Rotspon: Rotwein.

S. 103 *Spreewald:* von schmalen Wasserarmen durchzogene Landschaft der Niederlausitz.

S. 104 *Tappen:* Fußstapfen; *Kabuff:* kleiner Raum; *Krümper:* eigentlich Bezeichnung eines Reservisten in der preußischen Armee. Hier: überzähliges Pferd; *Teltow:* Stadt in der Nähe von Potsdam.

III,19

S. 106 *Stadtkämmerer:* Verwalter der städtischen Finanzen; *Bismarck:* Otto Fürst von Bismarck (1815–1898) war seit 1862 preußischer Ministerpräsident und nach der Reichsgründung, die hauptsächlich als sein Werk zu betrachten ist, Reichskanzler. Wilhelm II. entließ Bismarck 1890 aus seinem Amt; *Schopenhauer:* das Hauptwerk des Philosophen Arthur Schopenhauer (1788–1860) ist *Die Welt als Wille und Vorstellung.* Schopenhauers pantheistisch-pessimistische Philosophie wurde in der zweiten Hälfte des 19. Jahrhunderts sehr einflußreich; *Hauptkontingent:* Hauptmenge, größter Teil.

S. 107 *Ordonnanz:* Meldungsüberbringer; *Seine Majestät der Kaiser und König:* Wilhelm II. war deutscher Kaiser und König von Preußen; *Neue Wache:* von Karl Friedrich Schinkel im klassizistischen Stil erbaut (1817/18).

S. 108 *Schmisse:* Säbelhiebwunden, die von studentischen Zweikämpfen herrühren; *Stadtrendantur:* Stadtrechnungsamt.

S. 109 *konsterniert:* bestürzt, betroffen; *Fortschrittliche Volkspartei:* siehe S. 50.

S. 112 *Stab:* Hilfspersonal von Truppenführern, vom Bataillonskommandeur an aufwärts; *westpreußisch-polnischer Akzent:* Westpreußen war ehemals preußische Provinz. Siehe S. 57; *Legitimation:* Ausweis, Berechtigungsschein.

S. 113 *requirieren:* herbeischaffen, für Heereszwecke beschlagnahmen.

III,20

S. 116 *Bollefahrer, Bollemädchen:* Bolle war der größte Berliner Milchhändler; *Aschingers Bierquelle:* volkstümliches Berliner Restaurant; *Schnabus:* Schnaps; *verschwiemelt:* mit verschwollenem Gesicht, verquollenen Augen (Resultat einer durchzechten Nacht).

S. 117 *Der hat sich det Kinn wohl mächtig mit Jift beschüttet:* der hat sich wohl stark betrunken; *Charité:* Berliner Universitätsklinik; *„Glücklich ist, ...“:* Parodie auf den Refrain eines Liedes aus der Operette *Die Fledermaus* (1874) von Johann Strauß: „Glücklich ist, wer vergißt, was nicht mehr zu ändern ist“; *Penne:* Schlafstätte; *Molkenmarcht:* Molkenmarkt, Platz im Zentrum des alten Berlin.

S. 118 *Blaukreuzler:* Angehöriger eines christlichen Vereins zur Bekämpfung des Alkoholgenusses. Das Blaukreuz ist das Abzeichen der Alkoholgegner; *Piephahn:* das männliche Glied; *da hebste 'n Gaul mitn Wagen uff*, usw.: Berliner Ausdrücke der höchsten Verwunderung, des größten Erstaunens.

S. 119 *'n Politischer:* jemand, der aus politischen Motiven heraus handelt; *Adjeh:* Adieu, lebe wohl; *Penne:* Penner, Schläfer.

III,21

S. 120 *gehaut:* gewitzt.

S. 121 *geschaßt:* schimpflich entlassen; *Jago:* Traugott von Jagow, Polizeipräsident von Berlin, 1909–1916.

S. 123 *Kriminal:* Kriminalbeamter.

S. 124 *„Letzte Instanz“:* Name eines Restaurants in der Nähe des Polizeipräsidiums (heute Ost-Berlin).

S. 125 *Aschinger:* siehe S. 116.

S. 126 *Felddienstordnung:* Regeln für das Verhalten der Truppen in Gefechtübungen und (im Kriegsfalle) im Gefecht; *Exerzierreglement:* siehe S. 10.

S. 128 *„Kommt mit“, sagte der Hahn, ...:* siehe S. 77.

Gang der Handlung

Erster Akt

ERSTE SZENE: UNIFORMLADEN IN POTSDAM

Die Handlung beginnt im Potsdam der Jahrhundertwende, dem Hort preußisch-militärischer Tradition. Die Allgegenwart des Militärs ist weder zu übersehen noch zu überhören. „Ferne Militärmusik begleitet die ganze Szene“ (S. 7), heißt es in der Regieanweisung, und der Glanz des bunten Rocks herrscht im Laden des Hoflieferanten Wormser. Auch in dem Gespräch zwischen Gardehauptmann von Schlettow, Zuschneider Wabschke und dem später dazukommenden Adolf Wormser geht es um eine Uniform. Genauer gesagt sind die „Gesäßknöppe“ – sie werden nicht weniger als zwölfmal erwähnt – Gegenstand der Diskussion. Die Frage, ob die um einen halben Zentimeter zu weit voneinander entfernten Schoßknöpfe noch als vorschriftsmäßig anerkannt werden können, wird vom Hauptmann von Schlettow entschieden verneint. Für ihn steckt ein tieferer Sinn in solchen Kleinigkeiten; nur die buchstabengetreue Erfüllung aller Vorschriften kann ihm genügen. Denn „alles [muß] nu tadellos in Ordnung [oder „Form“] sein“ (S. 8, 11), wie er zweimal betont. Zwar spricht der Hauptmann von seiner Uniform; gerade die Uniform aber ist symbolischer Ausdruck einer Ordnung, in der der Mensch nur Mittel des Staates ist, nicht jedoch der Staat Mittel des Menschen. Nach dieser Auffassung ist der Mensch nur vollwertig als Funktionsträger des Staates, und unter den Funktionsträgern steht der Soldat, besonders aber der Offizier, an erster Stelle. So kann der Gardehauptmann zu Wabschke sagen: „,... bei Ihnen merkt man auf Schritt und

Tritt, daß Se nich gedient haben ... Das fehlt Ihnen, Wabschke, das fehlt Ihnen! Als Schneider sinse vielleicht tipptopp, aber als Mensch, da fehlt Ihnen der Schliff, der Schnick, der Benimm, die ganze bessere Haltung!" (S. 8)

In dem dienstbeflissenen und opportunistischen Wormser findet von Schlettow einen eifrigen Bejaher seiner Ansichten. Obwohl Wormser Jude ist, ist seine Wertwelt ebenfalls fest in der preußischen Tradition verwurzelt. Der alte Fritz, der kategorische Imperativ Kants mit seiner abstrakten Forderung der unbedingten Pflichterfüllung, das Exerzierreglement und (an letzter Stelle!) die Klassiker sind in seiner Vorstellungswelt maßgebend.

Der kleine Meinungsunterschied über die Schoßknöpfe wird dadurch beigelegt, daß der Hauptmann seinen Standpunkt voll und ganz durchsetzt. Die Uniform wird mit Knöpfen in vorschriftsmäßigem Abstand geliefert werden und soll dem Aussehen und Ansehen ihres Trägers frischen Glanz verleihen. Nur ahnt niemand der Beteiligten, daß der Träger der Gardeuniform nicht Hauptmann von Schlettow sein wird, sondern daß die Uniform auf ihrem Weg nach unten schließlich an den arbeitslosen Schuster Wilhelm Voigt geraten wird. Dieser, zur Zeit „ne Leiche auf Urlaub" (S. 10) – d.h. ohne Ausweispapiere im staatsbürgerlichen Sinne tot – „schaut wie erstaunt" (S. 10) in die ihm ungewohnte Pracht des Uniformladens, aus dem er schnell hinausgewiesen wird. Adolf Wormser weiß nicht, daß sein Scherz über Voigts vermeintliche Absicht, sich eine Gardeuniform bestellen zu wollen, sich im Verlaufe des Dramas bewahrheiten wird.

Zweite Szene: Polizeibüro in Potsdam

Wilhelm Voigt ist noch weit davon entfernt, in einer Gardeuniform aufzutreten. Nach seiner Entlassung aus dem Gefängnis betreibt er seine Wiedereingliederung in die bürgerliche Gesellschaft, ohne dabei aber sonderlich erfolgreich zu sein. Vom Glockenspiel der Potsdamer Garnisonkirche erklingt ironischerweise die Melodie des „Üb' immer Treu und Redlichkeit", als Voigt seine Vorgeschichte und sein Vorstrafenregister enthüllt. Trotz seiner Vorstrafen ist Voigt kein Gewohnheitsverbrecher; als junger Mensch geriet er wegen eines vergleichsweise harmlosen Delikts in die Hände der Behörden, die ihn zu einer außerordentlich hohen Freiheitsstrafe verurteilten und damit als Verbrecher abstempelten. Wie der Vertreter der staatlichen Ordnung, der auf seinen Rang und korrekte Anrede achtende Oberwachtmeister bemerkt: „Was in Ihren [Voigts] Personalakten steht, das ist Ihnen so festgewachsen wie die Nase im Gesicht. Wer einmal auf die schiefe Bahn gerät –" (S. 14). Die Wahrheit dieses Satzes hat der Schuhmacher bereits am eigenen Leibe erfahren. Nach seiner Rückkehr aus dem Ausland, wo es ihm vergleichsweise gut ging, erschwerte es ihm seine Vorstrafe, sich eine solide Existenz aufzubauen. Der Ausweg, ein neues Leben unter einem falschen Namen zu beginnen, endete in einer erneuten Freiheitsstrafe.

Auch jetzt hat Voigt wieder die Absicht, sich seinen Lebensunterhalt durch ehrliche Arbeit zu verdienen. Aber er ist in das Labyrinth der gesetzlichen Bestimmungen geraten und wird hilflos in dem „Karussell", der „Kaffeemihle" (S. 16), herumgedreht. Um Arbeit zu bekommen braucht er eine Aufenthaltsgenehmigung; eine Aufenthaltsgenehmigung jedoch bekommt er nicht ohne Arbeit. Der Weg ins Ausland ist ihm gleichfalls versperrt, da die Potsdamer Polizeibehörde nicht für Paßangelegenheiten zuständig ist. Voigt befindet sich in einer verzweifelten Lage, denn das Recht auf eine menschenwürdige Existenz wird ihm von der Behörde verweigert.

Der sich mit den Attributen polizeilicher Macht, mit Säbel und Pickelhaube rüstende Oberwachtmeister aber hat kein Verständnis für Voigts Situation. Er befolgt den Buchstaben des Gesetzes, in dem menschliche Ausnahmefälle nicht vorgesehen sind.

Dritte Szene: Café National in der Friedrichstrasse

Trotz seiner Niederlage durch die Behörde ist Voigt entschlossen, sich ein anständiges Leben aufzubauen. Hierdurch unterscheidet er sich positiv von seinem arbeitsscheuen Zuchthauskumpanen Kalle, der „'n Ding drehn" (S. 20) will, das ihn von allen Geld- und Existenzsorgen befreien soll. Allerdings spielt auch Voigt schon mit dem Gedanken an „'n richtiges großes Ding" (S. 21), das mit seinem kurzen Besuch in Wormsers Uniformladen (I,1) zusammenhängt. Denn dort ist ihm die Gültigkeit des Satzes: „Schale is allens" (S. 19) ins Gedächtnis gerufen worden. Vorerst wird dieser Gedanke aber nicht weiter verfolgt; Voigt will seine Arbeitssuche in einer Schuhfabrik fortsetzen.

Hauptmann von Schlettow erscheint mit dem Assistenzarzt Jellinek. Der Gardehauptmann fühlt sich „in Staatsbürjerkluft" (S. 22) sichtlich unwohl; außerdem bereitet ihm das zweifelhafte Milieu des Cafés Unbehagen. Wegen seiner Vorliebe für das Billiardspiel hat er das Verbot mißachtet, das Angehörigen des Militärs das Betreten dieses Restaurants untersagt. Aber er spürt Gewissensbisse, denn „Offiziersberuf is dauernde öffentliche Verantwortung .... Aufn bunten Rock kein Stäubchen – das is mir Lebensaufgabe." (S. 23)

Von Schlettows Bemerkung: „... in Uniform, ... da macht man Figur, das gibt 'n kolossalen Halt, da is man 'n ganz anderer Kerl" (S. 22), erhält ihre unerwartete Bestätigung, als ein stark angetrunkener Gardegrenadier das Lokal betritt. Die in Unterhandlungen über den Preis ihrer Liebesdienste mit Kalle und Voigt begriffene Plörösenmieze, eine der im Café auf Kundenfang ausgehenden Prostituierten, geht sofort zu dem Gardegrenadier über. Für Wilhelm Voigt ist dies ein erneutes Zeichen der Anziehungskraft der Uniform. Da Kalle das Überlaufen der Plörösenmieze nicht widerspruchslos hinnehmen will, kommt es zu einer Schlägerei, in die auch von Schlettow verwickelt wird. Ohne

Uniform maßt er sich nämlich eine Autorität an, die ihm in Zivil nicht zusteht. Mit der Uniform hat er auch den Hauptmann abgelegt; für den Grenadier, den er wegen seines Benehmens zur Rede stellen will, ist er „'n janz deemlicher Zivilist!" (S. 30)

Am Schluß der Szene faßt Wilhelm Voigt die Bedeutung der Vorgänge im Café National in einem lapidaren Satz zusammen: „Wie der Mensch aussieht, so wird er anjesehn" (S. 31).

Vierte Szene: Personalbüro der Engrosschuhfabrik „Axolotl"

Eine „Holzschranke, ähnlich wie in einem Polizeibüro" (S. 31), trennt den Prokuristen Knell von den Arbeitsuchenden. Obwohl die Schuhfabrik ausschließlich für den zivilen Sektor arbeitet, wie aus den Reklamesprüchen zu schließen ist, herrscht ein militärischer Umgangston. Der Bürodiener tritt soldatisch grüßend ein und „verharrt in strammer Haltung" (S. 32). Für die Beschäftigung im Betrieb sind nicht in erster Linie die fachlichen Qualifikationen ausschlaggebend, sondern die Tatsache, ob jemand „gedient" hat oder nicht.

Wie schon auf dem Polizeibüro in Potsdam (I,2) hat es Wilhelm Voigt mit einem Vertreter einer Ordnung zu tun, deren unmenschliche Starrheit es dem Schuster unmöglich macht, wieder im bürgerlichen Leben Fuß zu fassen. Für Voigts Dilemma hat Prokurist Knell kein Gespür. Auf den berechtigten Hinweis des Schuhmachers, daß Kasernenhofatmosphäre in der Fabrik herrsche, reagiert er ärgerlich und gereizt – ähnlich wie der in die Enge getriebene Oberwachtmeister in I,2 am Schluß der Szene. Mit legalen Mitteln läßt sich Wilhelm Voigts Problem also nicht mehr lösen.

Fünfte Szene: Möbliertes Zimmer in Potsdam

Wieder steht die Uniform des Gardehauptmanns von Schlettow im Mittelpunkt. Sie ist ein Kunstwerk geworden: „Det is keen Rock mehr, det is 'n Stick vom Menschen. Det is de bessere Haut, sozusagen" (S. 35), sagt Wabschke dem Hauptmann. Für den Hauptmann aber heißt es Abschied nehmen von der Uniform. Er muß den Fehler büßen, seine „bessere Haut" im Café National vorübergehend abgelegt zu haben und als gewöhnlicher Sterblicher erschienen zu sein (I,3). Eigentlich trifft ihn keine Schuld an den Vorgängen in dem nicht gut beleumdeten Lokal. Aber: „Soviel Pech darf 'n Soldat nich haben .... Unglück is auch 'n Versagen." (S. 34) Diese Erkenntnis wird Wilhelm Voigt nach seiner geglückten Köpenickiade ähnlich formulieren: „Glück is de erste Fordernis der Feldherrngabe, hat Napoljon jesagt." (III,21, S. 127)

Die behutsam vorgetragene Ansicht Wabschkes, daß „det Militär ... nu wirklich nich det einzige uff de Welt" und die Hauptsache sei, „'n richtiger Mensch" (S. 36) zu sein, wird vom ehemaligen Gardehauptmann von Schlettow nicht als Trost empfunden. Denn für ihn sind Mensch und Offizier synonyme Begriffe. Die Uniform, die ihm eine ihm einzig menschenwürdig erscheinende Existenz ermöglichen sollte, kehrt fast ungebraucht in Wormsers Uniformladen zurück, um dort ihrer weiteren Schicksale zu harren.

Sechste Szene: Herberge zur Heimat im Berliner Norden

Vor dem Hintergrund einer bewegten Szene, der mehr oder weniger gestrandete Existenzen aus vielen Gegenden des Deutschen Reiches mit ihren verschiedenen Dialekten ihre Farbe geben, entwickelt Wilhelm Voigt seinem Kumpan Kalle einen Plan. Durch das Unverständnis der Behörden getrieben, will er jetzt einen radikalen Schritt unternehmen: den Einbruch ins Potsdamer Polizeirevier. Dort „hamse richtige scheene Pässe ... ze liegen, ... da findste alles, watste zum Leben brauchst" (S. 40), erklärt er Kalle. Ein neues, freies Leben ist Wilhelm Voigts Ziel; eine Art Wiedergeburt, die nach seinem Tod im bildlichen Sinne, d.h. nach der Vernichtung seines Vorstrafenregisters, stattfinden soll.

Ein Paß wird Wilhelm Voigt den Beginn eines neuen Lebens im Ausland ermöglichen. Nach Deutschland war der Schuhmacher einer „dummen" Regung des Heimwehs folgend zurückgekehrt: „Det glaubense jarnich, wie scheen Deutschland is, wenn man weit wech is und immer nur dran denkt." (I,2, S. 15) Jetzt aber ist er in Deutschland ohne behördlich anerkannte Existenzberechtigung, nur „ne Leiche auf Urlaub" (I,1, S. 10).

Kalle erklärt sich zur Teilnahme am Einbruch in das Polizeirevier bereit; im Unterschied zu Wilhelm Voigt aber geht es ihm lediglich um das Geld, das er dort zu erbeuten hofft. Trotz Voigts Abraten will er zur Sicherheit einen gestohlenen Browning mitnehmen – ein Umstand, der im Falle eines Mißerfolgs strafverschärfend wirken wird.

Auch im Milieu der Tippelbrüder macht sich die Allgegenwart des Militärs bemerkbar. „Von ferne hört man das Kasernensignal: ‚Zu Bett!'" heißt es in der Regieanweisung (S. 41), und schließlich erscheint eine Patrouille unter einem Vizefeldwebel zur Ausweiskontrolle. Während der Kontrolle wird der Deserteur Gebweiler aus dem Elsaß von einem Gefreiten erkannt. Die vom Feldwebel in Aussicht gestellte Belobigung durch den Kompaniechef erfüllt den Gefreiten mit Begeisterung; daß er einen jungen Menschen ins Unglück stürzt, kommt ihm nicht in den Sinn. Trotz seines Mitleids mit dem „Kind" Gebweiler vertritt der Herbergsvater den Standpunkt: „Ordnung muß sind." (S. 47)

Im Gegensatz zu dem aufrührerischen Zeck, der Kasernen, Zuchthäuser und Reichstag als sichtbarste Manifestationen dieser bedrückenden Ordnung in die Luft sprengen möchte, will Wilhelm Voigt ihr lediglich entkommen: „Ick muß'n Paß haben, ...ick muß hier raus... . – Herrgott – wenn ick erst raus bin –" (S. 47)

SIEBENTE SZENE: UNIFORMLADEN IN POTSDAM

Der seinen Sohn beim Zeitunglesen überraschende Wormser liest die Meldung von dem mißglückten Einbruch im Potsdamer Polizeirevier. Dieser Vorfall bestätigt ihm seine konservativen Anschauungen von Recht und Ordnung: „Zwei alte Zuchthäusler natürlich – warum laßt man so Kerle überhaupt wieder raus, wennse nachher einbrechen.“ (S. 48) Wilhelm Voigts Plan ist gescheitert, er verschwindet nach kurzer Freiheit wieder hinter den Mauern eines Zuchthauses.

Mit der Uniform geht es abwärts. Vom Gardehauptmann von Schlettow gelangt sie an den zum Leutnant der Reserve beförderten Dr. Obermüller. Der Reserveoffizier und Kommunalbeamte Obermüller bringt seine Ideen mit dem „ernsten Klang einer wohlfundierten idealistischen Überzeugung“ (S. 49) vor und glaubt an die Möglichkeit der Demokratie in einer monarchischen Ordnung. Selbst er kann sich jedoch nicht dem Zauber der Offiziersuniform entziehen: „Kleider machen Leute, da is doch nun was Wahres dran. So ne Uniform hebt entschieden – es geht ein gewisser Zauber von ihr aus –“ (S. 51) Wormser hat schon vorher die Voraussetzungen des beruflichen und gesellschaftlichen Erfolgs im wilhelminischen Deutschland umrissen: „Na, zum Reserveleutnant hamse's ja schon gebracht, das is die Hauptsache, das muß man sein heutzutage – gesellschaftlich – beruflich – in jeder Beziehung! Der Doktor ist die Visitenkarte, der Reserveoffizier ist die offene Tür, das sin die Grundlagen, das is mal so!“ (S. 50)

Optisch in Gestalt der Uniform und akustisch in Form der Militärmusik werden die Grundlagen des preußisch-deutschen Lebens allen ins Gedächtnis gerufen.

Zweiter Akt

ACHTE SZENE: ZUCHTHAUSKAPELLE IN SONNENBURG

Zehn Jahre nach seinem mißglückten Einbruchversuch in das Polizeirevier in Potsdam finden wir Wilhelm Voigt im Zuchthaus Sonnenburg, aus dem er am folgenden Tage entlassen werden soll. Ironischerweise erklingt am Anfang der Szene der Choral der Sträflinge: „Bis hierher hat uns Gott geführt.“ (S. 53) Das Seelenheil der Gefangenen muß aus patriotischen Erwägungen zurückgestellt werden. Denn es ist der vierzigste Jahrestag des Sieges bei Sedan, und an Stelle der Predigt wird vaterländischer Unterricht abgehalten. Der Zuchthausdirektor, der am deutsch-französischen Krieg teilgenommen hat, benutzt die Gelegenheit, die Zuchthausinsassen für die im Heer gepflegten Werte zu begeistern.

Bei der anschließenden kurzen militärtheoretischen Prüfung zeigt Voigt große

Sachkenntnis. Der Direktor lobt ihn: „Bravo Voigt! Sehr gut der Voigt! Sie haben hier ordentlich aufgepaßt und auch was gelernt. Sie werden sehen, daß es Ihnen im späteren Leben einmal von Nutzen sein wird.“ (S. 56) Tatsächlich wird der Schuhmacher seine militärischen Kenntnisse nutzbringend verwenden – allerdings auf eine andere Art, als es sich der Direktor träumen läßt. Im folgenden Kriegsspiel zeichnet sich Voigt wiederum so aus, daß sich der Zuchthausdirektor erneut veranlaßt sieht, ihm höchstes Lob zu zollen: „Sie sind der geborene Soldat, trotz Ihrer O-Beine.“ (S. 58) Voigt wird später zeigen, daß der Direktor nicht völlig unrecht hat.

Neunte Szene: Bürgerliche Wohnstube in Rixdorf

Voigt ist aus dem Zuchthaus entlassen worden. Er verfügt jetzt über hinlängliches Selbstbewußtsein, um endlich einmal bei seiner Schwester vorzusprechen. Frau Hoprecht ist damit beschäftigt, die Knöpfe am Uniformrock ihres Mannes auf Hochglanz zu bringen. Der Reserveunteroffizier Friedrich Hoprecht soll während des Kaisermanövers befördert werden, worauf er sich schon „wie 'n Kind“ (S. 60) freut. Hoprecht wäre überhaupt viel lieber aktiver Soldat geblieben. Immerhin kann er als kleiner Beamter ebenfalls soldatische Tugenden pflegen: „Jewiß, auf sein Magistrat, wo er in Amt is, da kann er auch mal enerjisch werden, da is er sehr streng drin, er is nu überhaupt 'n Feind von jede Unregelmäßigkeit, das kann er nich vertragen.“ (S. 59) Nach Dienstschluß verwandelt sich der strenge und ordnungsliebende Beamte jedoch in einen warmherzigen Menschen: „... außern Amt is der Mann die Güte selber, der hat das Herz aufm rechten Fleck, sag ich dir!“ (S. 59)

Wirklich hat Frau Hoprecht ihren Mann richtig charakterisiert; als Friedrich Hoprecht erscheint, heißt er seinen Schwager, den Zuchthäusler, ohne Vorbehalt willkommen. Obwohl Hoprecht „selbst son Stückchen Behörde“ (S. 62) ist, kann sich auch Wilhelm Voigt nicht dem Eindruck entziehen, daß er es mit einem mitfühlenden Menschen zu tun hat: „Weißte, Mensch“, sagt er zu Hoprecht, „wenn's mehr so gäbe wie du, denn brauchten wa keene Zuchthäuser mehr.“ (S. 63)

Die Grenzen der reinen Menschlichkeit Hoprechts werden sichtbar, als er seine Vorliebe für das Militär bekundet – „Das is doch das Beste im Leben“ (S. 64) – und seiner unerschütterlichen Überzeugung von der im preußisch-deutschen Staatswesen waltenden Gerechtigkeit Ausdruck gibt: „Und was dir zusteht, das kriegste, dafür sind wir in Preußen. Also prost, Willem, aufs neue Leben! Da mach dir man keine Sorgen. Das geht alles seinen Gang!“ (S. 65)

Angesichts der bisherigen Erfahrungen Wilhelm Voigts mit den Behörden kann man skeptisch sein, ob der preußische Wahlspruch „Suum cuique“ wirklich volle Geltung besitzt.

Zehnte Szene: Schlafzimmer des Bürgermeisters Obermüller in Köpenick

Auch der inzwischen zum Bürgermeister von Köpenick aufgerückte Dr. Obermüller nimmt freiwillig an dem Kaisermanöver teil. Er tut das nicht, weil ihm wie Hoprecht das Militär alles bedeutet, sondern um der „Renommiersucht", der „Eitelkeit" (S. 68) seiner Frau Genüge zu tun. Unglücklicherweise paßt ihm die vor zehn Jahren erstandene Uniform des Gardehauptmanns von Schlettow nicht mehr, da er inzwischen zu dick geworden ist. Frau Obermüllers Zornausbrüche und des Bürgermeisters Verzweiflungsanfälle verflüchtigen sich, als Zuschneider Wabschke buchstäblich in letzter Minute mit der neuen Uniform erscheint, die Dr. Obermüller die Teilnahme am Manöver in vorschriftsmäßiger Bekleidung ermöglicht.

Für die alte Uniform gibt es kaum noch eine ehrenvolle Verwendung. „Na, fiern Maskenball wird se vielleicht noch jehn", stellt Wabschke abschließend fest (S. 69) und leitet damit zu II,13 über, wo das weitere Schicksal der Uniform behandelt wird.

Elfte Szene: Gang vor dem Polizeibüro in Rixdorf

Alles ist seinen Gang gegangen, wie Hoprecht in II,10 vorausgesagt hatte. Entgegen Hoprechts Erwartung aber hat sich in Wilhelm Voigts Situation nichts gebessert. Des entlassenen Sträflings Vorahnungen haben ihn nicht getrogen; er steht in Gefahr, ausgewiesen zu werden.

In Potsdam (I,2) wie in Rixdorf gelten der Mensch und seine Probleme wenig für die Behörde. Daher kann der nur sehr bescheiden auf seine staatsbürgerlichen Rechte pochende Vorwärtsleser fragen: „Is son Amt für die Menschen da – oder die Menschen fürs Amt?!" (S. 70) Ohne Zweifel muß die Antwort lauten, daß die Menschen für das Amt da sind. Im Rixdorfer Polizeirevier bezieht man ebenfalls seine Maßstäbe für den Umgang mit Staatsbürgern vom Militär und erwartet von ihnen Unterordnung. Alle berechtigten Einwände wegen der langen Wartezeiten prallen an dem Gleichmut des die Tür zu Zimmer 9 bewachenden Polizisten ab. Wie Hoprecht glaubt der Polizist an die Gerechtigkeit des Systems. Das kommt zum Ausdruck, als er den preußischen Wahlspruch „Suum cuique" auf seine Weise abwandelt: „Hier kommt jeder dran, wenn er dran is." (S. 71; vgl. auch S. 70)

Natürlich kann der wegen seiner drohenden Ausweisung in erregtem Gemütszustand auftretende Voigt den Gleichmut des Polizisten nicht erschüttern. Auf seine Argumente und Bitten hat dieser nur eine stereotype Antwort: „Setzense sich hin." (S. 71)

Die gleichmütige Überlegenheit des Polizisten verwandelt sich blitzartig in dienstbeflissene Untertänigkeit, als ein Leutnant mit Adjutantenschärpe den Schauplatz betritt. Es bleibt dem Vorwärtsleser überlassen, die Schlußfolgerung aus dem Auftreten des Leutnants zu ziehen: „Nu is aus. Fürs Militär, da hamse nemlich Zeit, da hat 'n Staatsbürjer keine Existenz gegen. Wenn da son flotter Leutnant kommt –“ (S. 72)

Wilhelm Voigts Aufschrei und leidenschaftliche Forderung nach Gehör werden nicht beachtet. Wieder einmal ist ihm die von einer Uniform ausgehende Macht in aller Deutlichkeit vorgeführt worden.

Zwölfte Szene: Stube mit Bett

In dieser Kernszene wird Wilhelm Voigt in einem engen zwischenmenschlichen Verhältnis zu dem kranken Proletarierkind gezeigt. Schon in I,2 und I,4 hatte Wilhelm Voigt seinen Mutterwitz und seine Schlagfertigkeit unter Beweis gestellt. Jetzt unterhält er das todkranke Mädchen durch sein schauspielerisches Talent, mit dem er die Straßensänger nachahmt. Außerdem erzählt er dem Mädchen schöne Geschichten über seine Reisen und über die Wunder der Natur und hilft ihr und sich selbst, ihre beiderseitig trostlose Lage zeitweilig zu vergessen.

In der Begegnung mit einem armen, reinen, naiven Menschenkind, die ungefähr in der Mitte des Dramas stattfindet, kann man einen Wendepunkt in Wilhelm Voigts Schicksal erblicken. In einer der wenigen Szenen des Dramas, in der Uniformen völlig abwesend sind, erschließt sich Wilhelm Voigt der Sinn alles Lebendigen klarer als bisher. Alles in der Natur drängt zum Licht und zur Sonne, erläutert er dem bedauernswerten Mädchen: „Und wat lebendig is, dat will rauf, ... dat will nach oben, kick man son Grashalm oder ne Setzkartoffel, oder 'n Kind, nich wahr?“ (S. 75) Wilhelm Voigt selbst ist diesem Gesetz alles Lebendigen unterworfen. Wie er in seiner großen Auseinandersetzung mit Hoprecht feststellen wird (II,14), folgt er lediglich seiner inneren Stimme, wenn er seinem Drang nach Freiheit, Licht und Sonne noch einmal Ausdruck geben wird, um nicht mit leeren Händen vor seinem Schöpfer zu stehen. Gerechtigkeit und Anerkennung seiner Menschenwürde sind wesentlich für Wilhelm Voigts Selbstverwirklichung. Er hat seine im Rixdorfer Polizeibüro (II,11) so arg bedrohte innere Sicherheit in verstärktem Maße wiedergefunden; sie gibt ihm die Kraft, noch einmal den Kampf um sein Recht auf völlig originelle Weise aufzunehmen.

Der Empfang des Ausweisungsbefehls, der ohnehin nicht unerwartet kam, stürzt Voigt daher nicht mehr in ausweglose Verzweiflung. Die von dem Schuster vor und nach dem Öffnen des die Ausweisung enthaltenden Kuverts vorgelesenen Worte aus dem Grimmschen Märchen *Die Bremer Stadtmusikanten* kennzeichnen treffend seine eigene Situation: „‚Komm mit uns, sagte der Hahn – etwas Besseres als den Tod werden wir überall finden –‘“ (S. 77, 78) Alles andere ist besser als der Tod, als das Leben als „ne Leiche auf Urlaub.“ (I,1, S. 10)

Dreizehnte Szene: Festsouper bei Dressel

In starkem Kontrast zu dem bescheidenen kleinbürgerlichen Milieu der Rixdorfer Wohnung Hoprechts steht die elegante Gesellschaft auf dem vom Hoflieferanten Wormser veranstalteten Kaisermanöverball. Wie Wabschke am Schluß von II,10 angenommen hatte, ist die Gardehauptmannsuniform jetzt wesentliches Requisit einer neckischen Maskerade, die von Auguste Wormser unter allgemeinem Beifall aufgeführt wird. Dennoch verfehlt die Uniform ihre Wirkung nicht völlig; Augustes linkischer Bruder Willy, dem auch eine „Husarenuniform im elegantesten Offiziersschnitt" (S. 78) nicht über seine unmilitärische Haltung hinweghelfen kann, springt einmal aus Versehen vor ihr auf wie vor einem echten Offizier. Willys blinder Eifer, dem Rittmeister von Schleinitz beim Zigarettenanzünden behilflich zu sein, verursacht dann den Unfall, durch den die Uniform verdorben wird. Sie ist jetzt reif für den Trödler.

Vierzehnte Szene: Bürgerliche Wohnstube in Rixdorf

Bei Hoprechts besteht kein Grund, das Ende des Kaisermanövers zu feiern. Friedrich Hoprecht ist ohne die erwartete Beförderung aus dem Manöver heimgekehrt. Obwohl er nach seiner und seines Hauptmanns Auffassung „an der Reihe" gewesen wäre, „von Rechts wegen" (S. 85), meldet er nur leise Zweifel an einer Ordnung an, die ihm seine wohlerworbenen Rechte vorenthält: „Ich meine nur, daß so was immer nach Bestimmungen geht, nachm Papier, und nicht nachm Verdienst, nachm Menschen! ... Na, nu kann man nichts machen." (S. 86)

Wilhelm Voigt kommt vom Begräbnis des von ihm in ihren letzten Stunden betreuten Mädchens zurück. Ihre Leiden sind vorbei, die seinigen aber noch nicht. Jetzt entspinnt sich die große Diskussion, in der sich Hoprechts beschränkter Untertanenglaube und Voigts Auffassung von Menschenwürde gegenüberstehen. Im Widerspruch zu seinen eigenen Erfahrungen mit der nicht erfolgten Beförderung glaubt Hoprecht immer noch: „Aber bei uns kommt immer noch jeder zu Seinem." (S. 87) Wilhelm Voigt jedoch weiß nun, daß ihm ein glattes Unrecht geschehen ist, und er will seine Konsequenzen daraus ziehen. Schon in I,2 hatte er beredsam die ausweglose Situation des Mannes ohne behördlich beglaubigtes Anrecht auf eine Heimat geschildert. Mit ähnlichen Worten reagiert er auf Hoprechts Zuspruch: „Tragen – det bin ick jewohnt, Friedrich. ... Aber – wohin soll ick's tragen, ... Det is de Frage! Wo soll ick denn hin mit! Ick hab ja keen Aufenthalt, für mir gibt's ja keen Platz uff de Erde, da könnt ick höchstens in de Luft steigen, nich?" (S. 89)

Wilhelm Voigts Erfahrungen haben ihn zu folgender Erkenntnis geführt: „Erst der Mensch, ... Und dann de Menschenordnung!" (S. 89) Gott habe ihm das Leben nicht geschenkt, so meint er, damit er anderen zur „Fußmatte"

(S. 91) diene, auf der sie nach Belieben herumtrampeln können. Friedrich Hoprechts Einwand, daß er an die Weltordnung poche, weist er zurück. Er verfolgt keinerlei revolutionäre oder umstürzlerische Ziele; er will sich lediglich sein Recht verschaffen. Wie der Oberwachtmeister in I,2 und Prokurist Knell in I,4 kann Friedrich Hoprecht Kritik an der von ihm gläubig bejahten Ordnung nicht akzeptieren. So endet die Szene mit seinen Worten: „Der Mensch – der Mensch is ja gefährlich!!" (S. 92)

Dritter Akt

Fünfzehnte Szene: Kleiderladen in der Grenadierstrasse

Es ist ein weiter Weg, den die Gardehauptmannsuniform zurückgelegt hat. Vom königlich preußischen Hoflieferanten Wormser verfertigt, fristet sie jetzt ihr Dasein in einem elenden Trödlerladen. Noch immer aber gilt von ihr, was Wilhelm Voigt bereits in I,4 geäußert hatte: „Wie der Mensch aussieht, so wird er anjesehn." (S. 31) In Krakauers Laden versucht man mit dieser Devise Geschäfte zu machen; „Kleider machen Leute" (S. 93) steht auf einem gemalten Reklameschild. Von der Gardeuniform sagt Krakauer: „Wenn die Uniform kennt allein spazierengehn, ohne daß einer drinsteckt – ich sag Ihnen, jeder Soldat wirdse grießen, so echt isse!" (S. 93) Es wird daher keiner großen Anstrengung Voigts bedürfen, um *mit* der Uniform – bisher als symbolischer Ausdruck der ihn bedrückenden Ordnung sein Gegenspieler – sein Ziel zu erreichen.

Nach kurzem Zögern entscheidet er sich, die Uniform zu kaufen. Nachdem er diesen Entschluß einmal gefaßt hat, spricht er im knappen Befehlston mit Krakauer – seine Umwandlung in einen Hauptmann macht rasche Fortschritte. Er verabschiedet sich mit den Worten: „Haltense mich nicht auf! – Ich muß in Dienst!" (S. 96) In den nächsten Szenen wird er wirklich im Dienst sein.

Sechzehnte Szene: Allee im Park von Sanssouci

Bei Krakauer hatte sich Wilhelm Voigt „interessiert" erkundigt, ob es in Potsdam, d.h. in Sanssouci, viele Offiziere gäbe (S. 94). Jetzt sitzt er „mit stiller Wachsamkeit" (S. 96) auf einer Bank im Park von Sanssouci und beobachtet die Vorübergehenden. Voigt hat ausgiebig Gelegenheit, das Verhalten von Offizieren und ihrer Umwelt zu studieren.

Es nimmt nicht wunder, daß fast alle Spaziergänger entweder dem Offiziersstand angehören oder doch in irgendeiner Verbindung zu ihm stehen. Vom sich „martialisch" (S. 96) räuspernden alten Herrn bis zu den Soldat spielenden Kindern, die wiederum von zwei mit jüngeren Offizieren liebäugelnden Kindermädchen beaufsichtigt werden, wird die Szene von höheren Dienstgraden verschiedenster Schattierungen beherrscht. Am Ende des Auftritts hat Voigt sich mit der

Rolle, in der er in den folgenden drei Szenen auftreten wird, bereits stark identifiziert. Er ahmt die Ausdrucksweise eines der vorübergehenden Offiziere nach, spricht „ernsthaft“ davon, daß er „im Dienst“ (S. 99) sei und benimmt sich gegenüber den zwei alten Damen in Potsdamer Nationaltracht mit solcher Höflichkeit, daß er von ihnen als liebenswürdiger Offizier alter Schule angesehen wird. Auf diese Weise vorbereitet, kann Wilhelm Voigt seinen nächsten Schritt unternehmen.

Siebzehnte Szene: Halle und Gang mit Abort im Schlesischen Bahnhof

Der nächste Schritt ist eine Art Generalprobe für den geplanten großen Streich. Wenn auch der Bahnbeamte und der Dienstmann auf dem um diese Zeit verlassen wirkenden Schlesischen Bahnhof kein ernsthaftes Risiko für Wilhelm Voigt darstellen, so ist es doch ein ermutigendes Zeichen, daß die Generalprobe ohne Zwischenfall verläuft.

Mit seiner Zivilkleidung hat Wilhelm Voigt auch seine alte, getretene Existenz abgelegt. Durch das Anlegen der Hauptmannsuniform ist er zum Vertreter der ihn bisher bedrückenden Ordnung geworden. Wie Krakauer in III,15 richtig bemerkt hatte, tut die Uniform fast automatisch ihre Wirkung. Ihr unerwarteter Anblick fährt dem eben noch mit seiner Zivilcourage gegenüber dem Inspektor protzenden und wegen seiner Leibesbeschwerden erregten Bahnbeamten so furchtbar in die Glieder, daß er „unwillkürlich stramm“ (S. 101) steht. Alles übrige ergibt sich beinahe von selbst. Wilhelm Voigt braucht nur die magische Formel „Haben Sie gedient?“ (S. 101) zu gebrauchen und die soldatische Tugend der Selbstbeherrschung zu empfehlen, um sofort als Hauptmann anerkannt zu werden. Sein erstes Auftreten ist damit ein voller Erfolg und läßt auf weitere ähnliche Erfolge hoffen.

Achtzehnte Szene: Vorhalle mit Treppen im Rathaus Köpenick

Durch den „unförmig“ (S. 102) dicken Ordnungshüter Kilian, der sich in nichts von den in den vorherigen Szenen auftretenden Polizisten unterscheidet, erfahren wir, daß Pässe nur im Landratsamt, nicht im Köpenicker Rathaus ausgestellt werden. Es wird somit schon vor dem Erscheinen des falschen Hauptmanns deutlich, daß Wilhelm Voigt sein eigentliches Ziel – in den Besitz eines gültigen Passes zu gelangen – in Köpenick nicht erreichen kann.

Kilians grober Behandlung der Wäscherin und des Landwirtes Wendrowitz entspricht sein Diensteifer gegenüber dem Bürgermeister von Köpenick. Dieser Diensteifer für einen zivilen Vorgesetzten steigert sich zu blindem militärischem Gehorsam beim Erscheinen Wilhelm Voigts und seiner Truppe. Wie schon im Rixdorfer Polizeirevier (II,11) genügt eine Offiziersuniform, um die zivilen Belange völlig in den Hintergrund treten zu lassen. Hinzu kommt allerdings, daß

Wilhelm Voigt nicht die geringste Unsicherheit in seinen Handlungen erkennen läßt – weder in seiner „militärisch raschen Gangart“ (S. 105) noch in seinen zackigen Kommandos. In III,21 wird er dem Kriminaldirektor erklären, daß er sich ganz einfach einen „Befehl“ (S. 127) gegeben und ihn dann ohne Schwanken ausgeführt habe.

Neunzehnte Szene: Amtszimmer des Bürgermeisters Obermüller in Köpenick

Mitten im Diktat, in dem er davon spricht, daß Köpenick weniger Rücksicht auf die Militärbehörde zu nehmen brauche als andere Städte, da es keine Garnisonstadt sei, wird Dr. Obermüller eines Besseren belehrt. Es bleibt ihm kaum eine andere Wahl, als auf den sich auf seinen Befehl berufenden falschen Hauptmann Rücksicht zu nehmen. „Det liecht in der Natur der Sache“ (S. 126), wird Wilhelm Voigt später zum Fall Obermüller feststellen. Trotz anfänglichen schwachen Widerstands und der Androhung „parlamentarischer Folgen“ (S. 109) wegen seiner Verhaftung fügt sich der Bürgermeister dem Unvermeidlichen. Schließlich sind er und der herbeizitierte Stadtkämmerer Rosencrantz Reserveoffiziere. Auf die magische Formel Wilhelm Voigts: „Haben Sie gedient?“ (S. 107, 108) bleibt ihnen weiter keine Antwort als ein knappes „Jawohl“, das ihre Gehorsamspflicht gegenüber einem höhergestellten Offizier bekundet.

Frau Obermüller, die weniger durch Uniformen zu beeindrucken ist und nicht viel von blinder soldatischer Unterordnung hält, äußert Zweifel an der Legitimität der Verhaftung. Ironischerweise widerspricht ihr Mann ihrer Meinung, daß hier ein Irrtum vorliegen könne: „Das ist ja ausgeschlossen. Der Mann weiß genau, was er will.“ (S. 113) Und nach einem erneuten, rasch aufgegebenen Versuch, den Hauptmann zum Vorweis einer Legitimation zu bewegen, bescheinigt der Bürgermeister dem falschen Hauptmann gar „korrektes Verhalten“ (S. 114).

Im Gegensatz zu Bürgermeister Obermüller machen Stadtkämmerer Rosencrantz und der Polizeiinspektor keinen Versuch, die Rechtlichkeit von Wilhelm Voigts Vorgehen im Köpenicker Rathaus anzuzweifeln. Der falsche Hauptmann kann die gesamten flüssigen Gelder der Stadt in Verwahrung nehmen, Ruhe und Ordnung unter der außerhalb des Rathauses beträchtlich angewachsenen Menschenmenge durch die städtischen Polizeibeamten herstellen lassen, den verhafteten Bürgermeister und Stadtkämmerer ohne größeres Aufsehen nach Berlin bringen lassen und die Aktion ordnungsgemäß beenden. Alles ist mit militärischer Präzision abgelaufen, wie Voigt dem Gefreiten sagt: „Sagen Sie Ihren Leuten: es war recht so. Es hat alles ordentlich geklappt.“ (S. 116) Die Aktion in Köpenick hatte nur einen Schönheitsfehler: auf seine beiläufig geäußerte Frage erfährt Wilhelm Voigt von Kilian, daß es Paßabteilungen nur in den Kreisstädten gibt. Und Köpenick ist keine Kreisstadt.

Zwanzigste Szene: Aschingers Bierquelle in der Neuen Friedrichstrasse

Von der geistigen und physischen Anstrengung der Köpenicker Aktion erschöpft, liegt Wilhelm Voigt „wie ein Toter" (S. 116) auf einer Bank in Aschingers Bierquelle. Ohne Hauptmannsuniform und ohne Paß gehört er wieder zu den Rechtlosen und Getretenen. Die höchst respektlose Behandlung, die er durch seine Umwelt erfährt, bestätigt noch einmal seine Einsicht, daß der Mensch so angesehen wird, wie er aussieht (I,4, S. 31).

„Das Neueste vom Hauptmann von Köpenick" (S. 119) ist die Sensation des Tages und löst bei den Gästen des Restaurants großes Gelächter aus. Nur Wilhelm Voigt ist keineswegs zum Lachen zumute. Er ist weit davon entfernt, als „toller Spaßvogel ... die Beute seines fröhlichen Raubzuges lachend [zu] genießen" (S. 119), wie eine Zeitung schreibt.

„Tolles Gelächter" begleitet die Verlesung des Steckbriefes, der die Personalbeschreibung Wilhelm Voigts enthält. Niemand kommt auf den Gedanken, daß der falsche Hauptmann und Wilhelm Voigt identisch sind. Ohne den glänzenden Schein der Uniform ist er eine Elendsfigur, die höchstens lächerlich wirkt. Obwohl eine Entdeckung nicht zu befürchten ist, besteht Voigts Problem weiterhin darin, sich eine menschenwürdige Existenz zu schaffen. Die Aktion Köpenick hat ihm in dieser Hinsicht keinen Erfolg gebracht.

Einundzwanzigste Szene: Im Polizeipräsidium Alexanderplatz

Die Polizei hat sich bisher vergeblich bemüht, den Hauptmann von Köpenick dingfest zu machen. Der Kaiser selbst hat zwar über die Angelegenheit gelacht und seinem Stolz über die deutsche Disziplin Ausdruck gegeben; für die Polizei ist es aber eine Prestigefrage, den Täter zu ergreifen.

Doch Wilhelm Voigt stellt sich selbst. Er tut dies weniger aus Gewissensbissen als aus praktischen Erwägungen. Für sein Eingeständnis der Tat erwartet er nach Verbüßung einer Freiheitsstrafe, die er als unvermeidlich in Kauf nimmt, einen Paß von der Behörde. Der Paß ist nach wie vor die Garantie für ein freies, menschliches Dasein: „Ick brauche 'n [den Paß] endlich, damit ick mal zun richtiges Leben komme. Ick hab det satt, wissense.... Aber det Rumlaufen ohne Paß, und det Versteckspielen, und de janze Schinderei, det kann ick nu nich mehr mitmachen." (S. 124)

Die viertausend Mark aus der Köpenicker Stadtkasse bedeuten für Wilhelm Voigt keine Lockung, denn das Recht, in seiner Heimat zu leben, hätte er sich damit nicht erkaufen können. Zudem ist Voigt kein Krimineller im eigentlichen Sinne des Wortes. Dem Kommissar, der ihn des Diebstahles verdächtigt, entgegnet er mit „ruhiger Würde": „Mein lieber Herr, ick hab in mein Leben noch keinen Mitmenschen wat wechjenommen. Ick habe immer nur mit der Behörde jekämpft." (S. 127) Endlich ist es ihm gelungen, die Behörde mit ihren eigenen

Waffen zu schlagen. Was den Kriminalbeamten nicht so ohne weiteres einleuchtet, ist für Wilhelm Voigt unumstößliche Tatsache: „Na, det weiß doch 'n Kind, daß man bei uns mitn Militär allens machen kann. Det hab ick immer jewußt." (S. 126) Untrennbar mit dem Militär ist die Uniform verbunden, und „die macht det meiste janz alleene" (S. 126), wie Voigt treffend bemerkt.

Als sich der falsche Hauptmann schließlich zum ersten Mal in seiner Uniform sieht, erschüttert ihn ein mächtiges Lachen, das zugleich befreiend und versöhnend wirkt. Ihm, dem jahrzehntelang Erniedrigten, ist es gelungen, den Vertretern einer starren und letztlich inhumanen Ordnung ein Schnippchen zu schlagen, indem er sich unter kluger Ausnutzung ihrer Schwächen zeitweilig in einen der Ihren verwandelte. Durch seine Tat wird sich zwar nichts Wesentliches an der Mechanik des Systems ändern; immerhin hat es Wilhelm Voigt jedoch erreicht, daß dieses System ihm seine menschlichen und staatsbürgerlichen Rechte nicht auf ewig vorenthalten kann.

Gedanken und Probleme

„Ein deutsches Märchen"

Im Programmheft zur Aufführung des *Hauptmann von Köpenick* im Deutschen Theater Berlin (Spielzeit 1930/31) findet sich eine von Zuckmayer bewußt im Märchenton verfaßte Schilderung der Laufbahn des Schusters Voigt:

„... Als er sechsundfünfzig Jahre alt war, hatte er mehr als dreißig Jahre seines Lebens im Zuchthaus oder im Gefängnis verbracht, den Rest, der, zieht man die Kindheit ab, nicht mehr groß ist, teils im Ausland, teils in ewig aussichtslosem Kampf um eine Erlaubnis zum Leben.

Und als er wieder einmal in einem Ort, in dem es ihm fast gelungen wäre, Heimat zu finden, seine Ausweisung bekam, verschwand er ganz und war, da man ihn nirgends haben wollte, nicht mehr da.

Es lebte aber in der Stadt Berlin eine Uniform, gemacht vom besten Schneider zu Potsdam für einen Hauptmann vom Ersten Garderegiment zu Fuß. Die wollte auch keiner mehr haben, denn sie hatte ein gutes Alter auf dem Buckel und hatte bis zum Nähteplatzen ihre Pflicht getan. In einem Trödlerladen, der letzten Zuflucht alles Ausrangierten, trafen die beiden zusammen, und, da jeder allein zu nichts mehr nütze war, heirateten sie. So wurde der Hauptmann von Köpenick geboren.

Warum nun dieser vorbestrafte Schuster Wilhelm Voigt, der Mann ohne Paß und ohne Aufenthalt, nicht ins Wasser ging oder im Säuferheim verfaulte, – sondern, mit einer alten Montur vermählt, ein ganz Anderer, Neuer, ward:

Wieso man ihn, das Stiefkind aller Amtsstuben, gleich nach dieser Hochzeit als ihren unumschränkten Herrn und Herrscher anschaute:

Weshalb gerade er, der Wilhelm Voigt, etwas gemerkt hatte, was sechzig Millionen guter Deutscher auch wußten, ohne etwas zu merken:

All das versucht das Schauspiel ‚Der Hauptmann von Köpenick' im Ablauf weniger Abendstunden zu zeigen.

Es hält und hängt sich nicht an die Einzelheiten tatsächlicher Geschehnisse, es zeichnet nicht die dürftigen Buchstaben der Dokumente nach, denn aus ihnen ist nur der äußere Ablauf, niemals das Wesen und die Quersumme eines Menschenlebens oder der irdischen Geschichte zu erkennen. Es will auch nicht mit den Leuten rechten, die die Verhältnisse gemacht haben, noch mit den Verhältnissen, aus denen die Leute wurden. Denn es ist ja nichts Neues, was es erzählt, sondern es ist ein deutsches Märchen und, wie alle Märchen, längst vorbei, – vielleicht überhaupt nicht wahr? – und nur ein Gleichnis für das, was nicht vorbei ist! An dem Schluß und zu allem neuen Beginnen steht der Spruch aus den ‚Bremer Stadtmusikanten' der Brüder Grimm: ‚Komm mit! Etwas besseres als den Tod findest Du überall!'"

Von Ingeborg Engelsing-Malek werden Parallelen zwischen dem Märchen und Zuckmayers Drama angeführt:

„Zuckmayer geht nicht an den sozialen Problemen vorbei; doch versucht er, sie ohne Tendenz darzustellen und ihnen durch einen versöhnlichen Schluß und ein märchenhaftes Gewand ihre Schärfe zu nehmen. ...

Eine Deutung des Stückes als Märchen ist trotz des Berliner Großstadtmilieus durchaus möglich und soll hier versucht werden. Schon das Hauptthema, der Gehorsam der realen Welt gegenüber der Kraft, der auf Gott vertrauenden Seele, entspricht den von den Brüdern Grimm gesammelten Märchen. [Ihnen hat Zuckmayer einen Essay, *Die Brüder Grimm* (1948), gewidmet, „in dem er sich sowohl mit den Volksmärchen als mit der von den Brüdern Grimm gelebten ‚Freiheit eines Christenmenschen' befaßt."] Hier wie dort gibt es keinen echten Gegenspieler oder wahren menschlichen Konflikt. Der Held kämpft allein gegen das Böse, im *Hauptmann von Köpenick* gegen die anonyme und unbegreifliche Macht der Behörde. Aber wie im Märchen bahnt sich schließlich das Gute seine Bahn. Doch braucht der Held die Hilfe einer höheren Macht, um die von Menschen gemachten Verordnungen zu überwinden, die ihn zu verschlingen drohen. Wilhelm Voigt gleicht dem jüngsten und oft dümmsten Bruder im Märchen, dem es gelingt, den Zauber zu lösen. Die Uniform ist das Symbol der Menschenordnung, die nur dann erfolgreich bekämpft werden kann, wenn man sich ihrer Zauberkraft bedient. Sie entspricht etwa der Tarnkappe des bösen Zwerges. Der Paß ist das Zeichen der Freiheit und Menschlichkeit, das errungen werden soll und hat hier dieselbe Funktion wie die Hand der Königstochter und das halbe Königreich. Voigts Zuchthauskumpan Kalle verkörpert die Versuchung des Bösen. Er steht nicht unter der göttlichen Ordnung und hat keinen

Sinn für den Paß, das Symbol der Freiheit. Voigts Schwager Hoprecht ist der Kleingläubige, der Gott vor lauter Menschenordnung nicht sehen kann. So müssen Voigts Versuche, sich erst mit Kalles, dann mit Hoprechts Hilfe eine neue Existenz aufzubauen, scheitern. Erst als er sein Schicksal bewußt unter Gottes Führung stellt, kann er die Welt seinem Willen unterordnen. Wie im Märchen wird der Held allerlei Prüfungen unterzogen, die er schließlich besteht. Die Ironie des Stückes – und darin unterscheidet es sich vom Volksmärchen – besteht darin, daß es keine wahre Lösung hat, sondern nur in einem kurzen Augenblick des gegenseitigen Verständnisses endet." (I. Engelsing-Malek, „Amor Fati" in Zuckmayers Dramen, S. 49–50)

Mensch und Ordnung

Anhand der Schlüsselwortmethode („Schlüsselwörter sind ein Mittel der Analyse, sie vertreten den Geist einer Zeit, eines Dichters oder auch nur eines seiner Werke. Sie erleichtern als markante Punkte die Orientierung.") definiert Wolfgang Butzlaff Zuckmayers Bild vom Menschen:

„Zuckmayers ‚Hauptmann von Köpenick' hat zwei Handlungsstränge, die Geschichte des Schusters Voigt und die Geschichte seiner späteren Uniform, verbunden durch ein gedankliches Thema: das Bild des Menschen. Im Motto, das in der Taschenbuchausgabe [in der Fischer Bücherei] aus unerklärlichen Gründen weggefallen ist, heißt es schon:

> Nein, sagte der Zwerg, laßt uns vom *Menschen* reden! Etwas Lebendiges ist mir lieber als alle Schätze der Welt! (Brüder Grimm, Rumpelstilzchen).

Die allgemeinen Äußerungen über den Menschen werden aus der Handlung abgeleitet und heben sich als besondere Schicht theoretischer Erörterung ab, obwohl auch sie in die naturalistisch nachgebildete Umgangssprache des Volksstücks gekleidet sind. Zwei Auffassungen vom Menschen stehen sich gegenüber. Die eine wird von Voigt selbst vertreten. Er beansprucht nichts als die Grundrechte des ‚bloßen' Menschen [Der Begriff ‚bloßer Mensch' stammt aus Lessings zweitem Freimaurergespräch, ihm stehen *solche Menschen* gegenüber], die nun aber nicht wie in ‚Don Carlos' mit abstrakten Begriffen proklamiert, sondern als notwendige Lebensbedingungen konkretisiert werden:

Und da hat nu schließlich der *Mensch* seine Muttersprache, und wenn er nischt hat, denn hat er die immer noch. (I,2, S. 15)

Nee, nee ick reg mir jarnich uff, aber't muß ja nu 'n Platz geben, wo der *Mensch* hingehört! (ebd., S. 17)

Ick wollte nur mal wieder 'n Wort mit 'n *Menschen* sprechen! (II,9, S. 63)

Erst der *Mensch*, Friedrich! Und dann de *Menschenordnung!* (II,14, S. 89)

Wabschke: Wenn eener jung is – und jesund – und grade Knochen hat – ick meine – wenn eener 'n richtiger *Mensch* is, det is doch de Hauptsache, nich? (I,5, S. 36)

Der Mensch mit seiner Muttersprache als einzigem unverlierbaren Besitz braucht einen festen Wohnsitz und Gesundheit, er braucht freundschaftlichen Umgang mit andern Menschen und will sich nicht als Mittel, sondern als Zweck des Staates betrachtet wissen. Nicht mit einem Schlüsselwortzitat zu belegen ist ein weiteres Grundrecht, um das Voigt kämpft: das Recht auf Arbeit.

Voigt sieht sich um alle diese Rechte betrogen, er ist daher kein Mensch mehr, möchte es aber wieder werden. Der Satz ‚Man mechte ja ooch mal wieder *Mensch* sind' (I,3, S. 24) bezieht sich im Textzusammenhang nur auf das Verhältnis zu Frauen, kann aber ebenso als Ausdruck einer allgemeinen Sehnsucht aufgefaßt werden. Auch Voigts Ablehnung der Ordnung verrät, daß er sich nicht mehr als Mensch fühlt: ‚Da wer'ck noch lange kein *Mensch* von.' (II,14, S. 89)

In der Gegenwelt des Schusters, die von Schlettow, Wormser u.a. vertreten wird, machen ganz andere Eigenschaften den Menschen aus:

Wormser: Aber der *Mensch*, der *Mensch* fängt erst beim Leutnant an, is nich so, is nich so? (I,7, S. 49)

Schlettow: Als Schneider sinse vielleicht tipptopp, aber als *Mensch*, da fehlt Ihnen der Schliff, der Schnick, der Benimm, die ganze bessere Haltung! (I,1, S. 8)

Schlettow: Aber was heißt das, man hat ja 'n Dienst, nich? Das geht doch über alles, da wird man wieder 'n *Mensch*, nich wahr? (I,3, S. 25)

Jellinek: Ja, der Beruf ist natürlich die Hauptsache. Wenn bei uns mal ne ordentliche Bauchhöhlenschwangerschaft vorkommt, oder 'n Zwanzigpfundmyom, oder 'n glatter sauberer Kaiserschnitt – ja, da is man 'n ganz anderer *Mensch*, da strahlt man wie 'n Weihnachtsbaum! (ebd.)

Was hier vom Menschen gesagt wird, kann im Gegensatz zu Voigts Grundrechten nicht allen gemeinsam sein. Erst wenn man sich durch Titel oder militärische Haltung von den andern unterscheidet, hat man ein Anrecht auf den Namen *Mensch*. Man braucht den Beruf, um sich überhaupt als Mensch zu fühlen. Die Menschen dieser Art sind eine Gruppe von Privilegierten, die auf andere herabsehen. Sobald sie aber die äußeren Stützen dieser Stellung einbüßen, verlieren sie den Halt. Schlettow ohne Uniform sackt zu einem Nichts zusammen.

Voigt durchschaut diese ihm innerlich fremden Menschen, seine einfachen, sentenzartig vorgebrachten Erkenntnisse ergänzen deren Auffassungen:

'n Papier, det is doch mehr wert als de janze *menschliche* Konstitution. (I,2, S. 17) Bleib in Schale, *Mensch!* (I,3, S. 19) Wie der *Mensch* aussieht, so wird er anjesehn. (ebd., S. 31)

Zu Titel, Haltung und Beruf kommen als weitere Äußerlichkeiten also Ausweispapiere und Uniform. Voigt kann nur mit den Mitteln des einen, begrenzten, standesgebundenen die Ziele des andern, allgemeinen, freien Menschentyps zu verwirklichen hoffen.

In allen Konflikten zwischen Voigt und den Vertretern der Gegenwelt (Militär, Behörde) werden *Ordnung* und *ordentlich* zu Schlüsselwörtern. *Ordnung* erscheint als Maßstab alles menschlichen Lebens, ja sogar als Selbstzweck (II,14). Schlettow kritisiert seine neue Uniform: ‚Da is was nich in *Ordnung*.' (I,1, S. 7) Der Oberwachtmeister fordert von Voigt: ‚Sehnse zu, daß Sie 'n *ordentlicher Mensch* werden.' (I,2, S. 16) Prokurist Knell zu Voigt: ‚Hier herrscht *Ordnung!* Jeder Mann muß seinen Stammrollenauszug in *Ordnung* haben...' (I,4, S. 33) Selbst der Herbergsvater, der Mitleid mit dem Deserteur hat, bekennt sich schließlich doch zu diesem Grundsatz: ‚Fluch nich, Zeck, *Ordnung* muß sind.' (I,6, S. 47)

Im Streit zwischen Voigt und Hoprecht, der gedanklichen Kernszene des Stückes (II,14), geht es ebenfalls um die Ordnung. Den Gegensatz zwischen der unpersönlichen Ordnung und dem einzelnen Menschen kann Hoprecht allerdings auch nicht leugnen: ‚Ich meine nur, daß so was immer nach Bestimmungen geht, nach'm Papier, und nicht nach'm Verdienst, nach'm *Menschen!*' (II,14, S. 86) Er scheint es für nicht ganz selbstverständlich zu halten, daß ein Beamter auch ein Mensch ist: ‚Ick bin ja selbst son Stückchen Behörde, na und? Wenn man jenau hinkuckt, is auch 'n *Mensch*, was?' (II,9, S. 62)

Diese Trennung von Beruf und Mensch entspricht dem begrenzten Menschenbegriff der Schlettow und Wormser, obgleich dort behauptet wird, man werde erst durch den Beruf zum Menschen. Beide Menschenbegriffe schließen sich nicht aus. Diejenigen, welche den Beruf oder Titel als Ausweis ihres privilegierten Menschentums brauchen, pflegen andererseits zu erklären, daß sie als Vertreter ihres Berufs anders handeln denn als Mensch. Damit wollen sie Menschen in doppeltem Sinne sein, in dem des Privilegs und in dem der Humanitas. Aber diese Humanitas ist entwertet dadurch, daß sie sich auf das Privatleben beschränkt.

Die Verehrung der Ordnung spiegelt sich ironisch in Voigts Auftreten als falscher Hauptmann. Er ahmt die Sprache der Offiziere nach: ‚Bringen Sie mal gefälligst Ihre Kleider in *Ordnung*.' (usw. III,9, S. 109)

Zurück zum Schlüsselwort *Mensch*. Aus den bisherigen Darlegungen geht hervor, daß ... die Belege genügen, um die wichtigen Personen zu charakterisieren. Nur Obermüller macht eine Ausnahme. Nun noch einige besondere Anwendungen des Wortes.

Für die Personen, die den *bloßen* Menschen verachten, kann *Mensch* Erniedrigung oder Ablehnung ausdrücken. Wormser sieht Voigt in seinem Laden auftauchen und bemerkt unwillig: ‚Da is *der Mensch* schon wieder –' (I,1, S. 11) Hoprecht urteilt abschließend über Voigt: ‚*Der Mensch – der Mensch* is ja gefährlich!!' (II,14, S. 92) In beiden Fällen hat der bestimmte Artikel demonstrative Bedeutung, man könnte ohne weiteres ‚dieser' dafür einsetzen. ...

Mensch wird durch Adjektive aufgewertet, an denen man dann den gewünschten Typ ablesen kann. Für den Oberwachtmeister ist es ein *ordentlicher* Mensch (I,2, S. 16), für Plörösenmieze ein *anständiger* oder *feiner* Mensch (I,3, S. 26, 27), für Wormser ein *großartiger* Mensch (II,13, S. 83), für das zweite Mädchen ein *interessanter* Mensch (III,16, S. 98), für den Inspektor ein *reizender* Mensch (III,21, S. 125), und nur Wabschke mit seinem *richtigen* Menschen zielt nicht auf Wirkung und Auftreten, sondern auf das Wesen (I,5, s.o.). Voigt aber kennt kein Attribut für den Menschen, ihm geht es um den Menschen schlechthin.

In seinem häufigsten Gebrauch in diesem Stück, als Anrede in der Umgangssprache, ist *Mensch* völlig verblaßt. An einer Stelle jedoch hat Zuckmayer ihm auch in dieser Verwendung seinen vollen ursprünglichen Sinn zurückgegeben. Voigt zitiert seine innere Stimme:

Mensch, hatse jesagt – einmal kneift jeder 'n Arsch zu, du auch, hatse jesagt. Und denn, denn stehste vor *Gott* dem Vater ... Det sagste vor *Gott*, *Mensch*. (II,14, S. 91)

Durch die Gegenüberstellung von Gott und Mensch gewinnt die sinnentleerte Anrede wieder Bedeutung und Berechtigung."
(W. Butzlaff, Die Schlüsselwort-Methode – Grundlagen und Beispiele, S. 107 bis 111)

Darstellung und Kritik der Gesellschaft

Von marxistischer Seite wird Zuckmayer versöhnlerische Inkonsequenz bei der Darstellung gesellschaftlicher Zustände vorgeworfen:

„Die kritisch-realistische Darstellung leidet in all diesen Fällen darunter, daß der Autor nicht in die Tiefe der historisch-politischen Problematik zu dringen vermag, die sein Stoff enthält. Es ist nicht angebracht, ihm vorzuwerfen, daß Schlettow und Obermüller lebendige Menschen und keine satirischen Karikaturen sind. Aber man muß mit ihm rechten, wenn er darüber weitgehend die gefährlichen politischen Rollen vergißt, die das bornierte preußisch-militaristische Junkertum und die nachrevolutionären bürgerlich-liberalen Kompromißler objektiv-historisch gespielt haben. Man kann ihm ebenfalls nicht seine scharfe Kritik an Adolf Wormser schlechthin ankreiden, wohl aber, daß er unbedacht die antifaschistische Richtung seiner Kritik verzerrt, indem er Wormser zum Juden macht.

Dabei zeichnen sich in Zuckmayers Sicht offenbar zwei ‚Fraktionen' innerhalb der Stützen des Wilhelminischen Systems ab: Schlettow und Obermüller haben gegenüber dem nur auf nackten *‚äußerlichen Erfolg'* bedachten Wormser immerhin gewisse *‚Ideale'*, die sie ernst nehmen.

Freilich steht der Autor nicht nur Wormsers Gesinnung, sondern auch dem ‚idealischen' Streben kritisch gegenüber. Zeigt er doch, wie es die von ihm ‚Besessenen' gleichsam blind macht für die Vorgänge in der Wirklichkeit. Schlettows Verhalten nach der Verabschiedung und Obermüllers Auftreten bei der Verhaftung zeugen (ebenso wie die Gesinnung Friedrich Hoprechts) von Zuckmayers Abneigung gegen diese ‚besessene Fähigkeit, tatsächlich das ‚Ding an sich' ... zu begreifen', gegen diese ‚Neigung zu unbarmherziger, ja selbstzerstörender Systematik' [Carl Zuckmayer, Pro Domo, S. 41–42].

Aber dieses wirklichkeitsblinde Verranntsein ins ‚Ideal' ist nicht Ursache, sondern Folge der gesellschaftlichen Entwicklung in Deutschland. Es ist Erscheinungsform jener bornierten oder hilflos-kompromißlerischen Untertänigkeit, die sich infolge der langen Herrschaft des feudalen Regimes und der Zurückgebliebenheit des deutschen Bürgertums herausbildete, – ebenso, wie Wormsers Streben nach äußerlichem Erfolg auch nur eine Erscheinungsform der spätbürgerlich-imperialistischen Entwicklung darstellt.

Zuckmayers Gestaltung gerät also in Gefahr, Ursache und Folge, Wesen und Erscheinungsform zu verwechseln, die das Wilhelminische System stützenden gesellschaftlichen Gruppen nicht real, sondern abstrakt (nach ‚Charaktereigenschaften') zu werten, und über Sympathie für das zwar nicht ungefährliche, doch immerhin ‚ehrliche' idealische Streben die Kritik der höchst zweifelhaften junkerlichen oder liberalen ‚Ideale' zu vernachlässigen.

So entsteht ein Bild vom Wilhelminischen Reich, das dessen Wesen nur oberflächlich und verzerrt wiedergibt: Es ist kein Zufall, wenn über Obermüllers Schreibtisch die Bilder Bismarcks und Schopenhauers hängen (S. 106), während Wormser vom ‚Stil, Geist und Schwung' Wilhelms II. schwärmt (S. 48). Es kennzeichnet vielmehr, worauf es Zuckmayers Kritik besonders ankommt: nämlich auf das Oberflächliche, Geistlose, nur äußerlich Glänzende der Ära Wilhelms II.

Bismarck und Schopenhauer aber verlieren Ende des 19. Jahrhunderts ihren Einfluß nicht deshalb, weil anstelle diplomatischer Klugheit und geistvoller Philosophie die geistlose Prunksucht Wilhelms II. Platz greift. Sie werden unzeitgemäß, weil ihre diplomatische oder philosophische ‚Mäßigung' dem inzwischen herangewachsenen aggressiven deutschen Imperialismus weniger entspricht als die Prahlereien des Monarchen. Nietzsches beginnende Wirkung in dieser Periode rührt nicht daher, daß er weniger ‚geistvoll' sondern (im imperialistischen Sinne) *aggressiver* auftritt als Schopenhauer. Außerdem haben auch Bismarck und Schopenhauer nicht wenige Voraussetzungen für das Entstehen des junkerlich-bourgeoisen Imperialismus geschaffen: Bismarck vor allem durch die Reichsgründung und den Beginn der Kolonialpolitik, Schopenhauer durch seinen philosophischen Pessimismus, dessen soziale Funktion darin bestand, dem deutschen Bürgertum nach 1848 die ‚Sinnlosigkeit eines jeden politischen Handelns' [Georg Lukács, Die Zerstörung der Vernunft (Berlin 1954), S. 165] zu bestätigen.

Begriffe, wie ‚leere Oberflächlichkeit', ‚äußerliches Erfolgsstreben', ‚geistlose Prahlsucht', können also das Wesen des Wilhelminischen Reiches nur oberflächlich und verzerrt widerspiegeln. Sie beeinflussen aber gerade jene bedeutende

Rolle, die Zuckmayer der Uniform als Symbol für das preußisch-deutsche Kaiserreich zubilligt.

Dieses Symbol steht in den Szenen, die den ,Weg der Uniform' darstellen, zunächst für jenes Prinzip der ,besseren Herrschaften', das Obermüller einmal formuliert: ,Kleider machen Leute, da is nun doch was Wahres dran. So ne Uniform hebt entschieden – es geht ein gewisser Zauber von ihr aus –.' (S. 51) Ob bei Wormser der neue Offiziersrock anprobiert wird (1. und 7. Szene), ob Obermüller in Unterhosen auf die bestellte Uniform wartet (10. Szene), ob Auguste Wormser in Offiziersuniform Aufsehen erregt oder Willy Wormser den Gefreiten in einer Husarenuniform von ,elegantestem Offiziersschnitt' (S. 78) zu verbergen sucht – alles illustriert nur, wie sehr es auf das äußere Auftreten, auf äußerliches ,Glänzen' ankommt.

Das heißt zugleich, daß der tatsächliche *Wert* des *Menschen* verdrängt wird vom *Glanz* und *Rang* der *Uniform:* Wormsers läppische drei Semester Jura zählen nichts, sein Titel ,Kommerzienrat' alles. Der Bürgermeister in Zivil hat dem Zuchthäusler in Uniform zu weichen wie der in Zivil gekleidete nüchterne Hauptmann der Uniform des betrunkenen Grenadiers . . . .

Die Verdrängung des tatsächlichen Wertes der Menschen durch bloße Äußerlichkeiten und die Uniformierung des Individuellen: das ist die Bedeutung jenes Symbols, das immer wieder auf diesem Wege auftaucht.

Damit erfaßt der Dramatiker zwar Erscheinungsformen des Wilhelminischen Reiches, die durchaus der Kritik bedürfen. Aber das spezifische Wesen des preußisch-deutschen Kaiserreiches wird mit Zuckmayers ,Uniformierung' nur halb getroffen. Ganz abgesehen davon, daß dem Kapitalismus schlechthin die Tendenz zur Verdinglichung der menschlichen Beziehungen innewohnt: Das spezifische Wesen des Systems Wilhelms II. besteht in der Militarisierung des gesamten Lebens im Dienste eines besonders aggressiven junkerlich-bourgeoisen Imperialismus: Anstatt die Uniformierung kritisch darzustellen als einen Bestandteil der aggressionslüsternen imperialistischen Militarisierung, isoliert sie Zuckmayer und erhebt sie zum Hauptproblem. Er trifft damit den Ast und nicht den Stamm, denn der erste Weltkrieg entspringt nicht aus der Uniformierung, sondern aus der Aggressivität des militaristischen preußisch-deutschen Imperialismus. Davon aber wird in den Kreisen, die der Weg der Uniform durchläuft, nichts deutlich. Nur die beschwipste Auguste möchte einmal ,'n Damenregiment gründen und 'n Krieg anfangen', erhält jedoch die Antwort: ,Unsinn, Auguste, heiraten mußte.' (S. 83) So schön sich das Verschen reimt, so schlecht reimt sich der billige Ulk auf die ernste Sache.

Zuckmayer verfällt im Gegenteil selber jener ,Fetischisierung', die er bekämpfen will. Er wendet sich gegen den Fetisch Uniform; das Erfassen der gesellschaftlichen Kräfte aber, die diesen Fetisch erst aufgebracht haben und hochhalten, vernachlässigt er darüber.

So entsteht nicht nur der Eindruck, als komme Wormser gerade deshalb in Zuckmayers Beurteilung besonders schlecht weg, weil er Hersteller und Verkäufer von Uniformen ist; Zuckmayer gerät vor allem in die groteske Situation, gleichsam in einem Atem die Uniformierung zu bekämpfen, die militaristisch-junkerlichen Offiziere aber sympathisch zu zeigen.

Jene ‚mit vollendeter Sicherheit und nobler Haltung' gesprochene, aber durch ‚völlige Wirrnis' ihrer Sätze ausgezeichnete Festrede Rittmeisters von Schleinitz (S. 80–81), mit der die Uniformierung karikiert werden soll, steht am *Anfang* der 13. Szene. Alle *weiteren* Handlungen des Offiziers nehmen das Publikum für ihn ein. Den Lobhudeleien der anderen hält er entgegen, er sei ‚ja schließlich 'n Reiter und kein Redner...' (S. 81) Ebenso freimütig bekennt er ‚mit feinem Lächeln' (S. 82) seine Schulden. Man freut sich geradezu, wenn man am Ende erfährt, daß ‚dieser großartige Mensch' der ‚zweitbeste Reiter in der Armee' ist und sogar von ‚Majestät ... 'n Orden gekriegt' (S. 83) hat.

Der Autor leitet also gleichsam von der Karikierung der Uniformierung über zur Glorifizierung des Offiziers. Hinsichtlich der Kritik der Uniformierung aber hält er sich schadlos an Auguste und Willy Wormser. Beide, die beschwipste preußische Amazone und der untertänige Jüngling, verdienen zwar diese Kritik. Da sie aber selbst in Uniform nicht die ‚hoffnungslosen Zivilisten' verleugnen können, erhöht die Kritik an der Uniformierung von Zivilisten zugleich die Glorifizierung des ‚echten' Offiziers.

Gerade bei dieser Szene glaubt man, der Autor beurteile seine Personen so, als sitze er selbst mit der Gesinnung eines Angehörigen der Potsdamer Hautevolee in Dressels Festsaal. Man meint fast, er spreche nicht vom Krieg, weil gutsituierte Potsdamer Bürger 1906 wirklich an den ‚Friedenskaiser' geglaubt haben. Es mag sein, daß eine solche Haltung zum Stoff bei der Gestaltung des Weges der Uniform besonders gefördert wird. Hier verkehren die Vertreter der ‚höheren' Kreise meist nur mit ihresgleichen, sind also trotz gewisser (fraktioneller) Unterschiede im Grunde auf sich selbst bezogen, sie sind unter sich. Es fehlen hier streckenweise Kollisionen, die den Autor zur Parteinahme für die eine oder andere Seite drängen.

Das ändert aber nichts an dem zutiefst naturalistischen Charakter eines derartigen Vorgehens. Der Autor bleibt bei der Spiegelung von äußerlichen Erscheinungen stehen und dringt nicht realistisch zum Kern der Dinge vor.

Wesentlich ist nicht, daß deutsche Bürger 1906 an den Friedenskaiser glaubten, sondern daß der Krieg kam. Wesentlich ist nicht der oberflächliche Glanz der Wilhelminischen Ära, sondern der keineswegs nur uniformierte, vielmehr vor allem aggressive militaristische Imperialismus, der schon 1906 zum ‚Panthersprung' angesetzt hat.

Wesentlich ist 1930/31, wie Ernst Thälmann zu warnen: ‚Hitler – das ist der *Krieg*!!'

Zuckmayer aber ruft: ‚Hitler – das ist die *Uniform*!'"

(Wilfried Adling, Die Entwicklung des Dramatikers Carl Zuckmayer, S. 113 bis 117)

Metaphysisches Theater

Carl Zuckmayer schreibt in *Pro Domo* (Stockholm 1938), S. 78–79: „Die Schaubühne ist eine metaphysische Anstalt, mehr noch als eine moralische, und um das zu sein und zu bleiben, muß sie bis in alle Fasern von vitaler Wirklichkeit, vom leibhaftigen Eros, von allen Essenzen des Menschenlebens durchtränkt werden." Diese Worte nimmt E. Speidel zum Ausgangspunkt seiner in englischer Sprache abgefaßten Ausführungen über das „metaphysische Theater" bei Zuckmayer. Eine Zusammenfassung des sich auf den *Hauptmann von Köpenick* beziehenden Teils dieses Aufsatzes folgt:

Individuum und Gesellschaft sind die zwei Komponenten, aus denen für Zuckmayer die Welt besteht; Individuum und Gesellschaft gehen zwar verschiedene Wege, aber in ihrer Begegnung liegt für Zuckmayer das Wesen und die eigentliche Bedeutung der menschlichen Existenz. Wilhelm Voigt ist ein Außenseiter in einer Welt, in der er sich Fuß zu fassen bemüht. Sein Einfluß auf die Gesellschaft ist gering; dennoch werden die Schäden dieser Gesellschaft durch Voigt enthüllt – aber nur für die Zuschauer, nicht für die anderen Charaktere des Stückes.

Die Personen im Drama sind scharf in akzeptierte Mitglieder der Gesellschaft einerseits und ihre Opfer andererseits unterschieden. Es geht hier aber nicht um den Gegensatz zwischen reich und arm, Ausbeuter und Ausgebeutetem, sondern um die im wesentlichen abstrakte Idee einer sozialen Ordnung, die am besten in der Armee mit ihrer hierarchischen Gliederung verwirklicht ist. Die Zugehörigkeit zu dieser Ordnung verspricht Sicherheit und Status; Nonkonformismus dagegen führt zu einer verachteten, unbedeutenden und unsicheren Existenz. Wilhelm Voigt gehört als Gesetzesübertreter zu den außerhalb der sozialen Ordnung Stehenden; seinem Wesen nach ist er jedoch ein ehrlicher Bürger, der unter normalen Umständen sicher ein respektables Mitglied der menschlichen Gesellschaft geworden wäre. Voigts Versuche, sich den herrschenden sozialen und ethischen Verhaltensmaßstäben anzupassen, unterscheiden ihn von seinem Kumpan Kalle und dem Pennbruder Zeck, die sich, wenn auch widerwillig, mit ihrem Platz als Ausgestoßene abgefunden haben.

Nur Wilhelm Voigt will unbedingt wieder als Mitglied der Gesellschaft akzeptiert werden. Seine Bemühungen in dieser Hinsicht müssen unausweichlich zum Konflikt mit der herrschenden sozialen Ordnung führen. Diese Tatsache stempelt ihn zum echten Außenseiter des Dramas, denn er ist der Einzige, der die ihm von der Gesellschaft zugewiesene Stellung nicht als endgültig betrachtet und schließlich sogar die Grundlagen der gesellschaftlichen Hierarchie in Frage stellt. Seine Entschlossenheit, für seine Rechte zu kämpfen, ist die bewegende Kraft des Stücks, und *Begegnungen* zwischen Gesellschaft und nonkonformistischem Individuum sind das zentrale Thema des Dramas.

Obwohl sich das soziale System sehr spezifisch in Gestalt von Uniformen, Aufenthaltserlaubnisbescheinigungen, Zuchthäusern, usw. manifestiert, erscheinen den Vertretern dieses Systems alle seine Manifestationen als direkter Ausfluß eines allgemeinen Prinzips reinster und abstraktester Prägung. So werden Ereignisse und Handlungen von den Behörden nicht lediglich der jeweiligen konkreten Situation gemäß beurteilt, sondern sie werden auf ein abstraktes Prinzip zurückgeführt, das letztlich als Beurteilungsgrundlage dient. Persönliche Regungen werden daher von den Repräsentanten staatlicher Gewalt sofort unterdrückt, sobald sie über die prinzipielle Seite einer Angelegenheit reflektiert haben. Beispiele für solche Haltung lassen sich im rasch unterdrückten Mitleid des Herbergsvaters mit dem Schicksal des jugendlichen Deserteurs (S. 47), in dem Desinteresse des Oberwachtmeisters am *menschlichen* Schicksal Wilhelm Voigts, das für ihn während des Studiums der *offiziellen* Akten belanglos wird (S. 15), und in Hoprechts schneller Überwindung seiner Enttäuschung über die nicht erfolgte Beförderung finden. Hoprecht tröstet sich mit dem unpersönlichen Grundsatz, daß sich der Einzelne dem Ganzen unterordnen müsse: „Recht is, was Gesetz is, ... Es geht ja nicht nach dem, was einer möchte, es is ja für alle da." (S. 87)

Auch von Schlettows Verteidigung der pedantischen Beschäftigung mit „Kleinigkeiten", in denen „'n tieferer Sinn" (S. 10) stecken soll, ist ein Beispiel für die extreme Vorliebe der Repräsentanten des Systems, alle konkreten Dinge auf ein abstraktes Prinzip zu reduzieren. Carl Zuckmayer hat in einem anderen Zusammenhang darauf verwiesen, daß es sich hierbei um eine eigentlich deutsche Haltung handele:

> „Aber die Leidenschaft zur vollkommenen Abstraktion, die besessene Fähigkeit, tatsächlich das ‚Ding an sich' anstelle der organischen Verschmolzenheit aller Dinge zu begreifen, – die Neigung zu unbarmherziger, ja selbstzerstörender Systematik, in gefährlicher Verbindung mit Selbstüberheblichkeit und einem überhitzten, keineswegs ‚erbgesunden' Willen zur Macht, – und die fatale, das heißt schicksalhafte, Diskrepanz zwischen Duckmäuserei oder Autoritätsgier im Gemeinwesen – und reinster, freizügigster Geistes- und Seelengröße im Einzelfall – ... darin eben scheint mir die besondere, außer-rationale Wesenheit des Deutschen zu liegen, sein Fluch und seine Gnade." (Pro Domo, S. 41–42)

„Prinzip" und „soziale Ordnung" werden als identisch betrachtet, und die Unfehlbarkeit der abstrakten Idee wird für jede Handlung der Behörden in Anspruch genommen: „Bei uns gibt's kein Unrecht! Wenigstens nich von oben runter! Bei uns geht Recht und Ordnung über alles, das weiß jeder Deutsche!" (S. 90) Die Unfähigkeit, zwischen Einzelfall und allgemeiner Idee zu unterscheiden, wird von den Verwaltern staatlicher Autorität mehr als einmal demonstriert. In ihrem blinden Fanatismus sind die Amtsinhaber und sonstigen staatlichen Funktionsträger aber bereit, die Konsequenzen ihres Glaubens an allgemeine Prinzipien auf sich zu nehmen. So sieht von Schlettow in seinem Unglück ein prinzipielles Versagen (S. 34) und reicht seinen Abschied ein. Es scheint von Schlettow wie Hoprecht ein masochistisches Vergnügen zu bereiten, der abstrakten Formel „Pflicht und Ordnung" bis zur Selbstzerstörung Folge zu leisten. Am krassesten fordert Hoprecht das Sich-Einfügen des Individuums in die staatliche Ordnung im Namen eines abstrakten Pflichtgefühls (vgl. S. 91).

Die Polarität von Gesellschaft und Individuum wird dadurch betont, daß Wilhelm Voigt trotz seiner Entschlossenheit, von der Gesellschaft akzeptiert zu werden, sein Augenmerk nur auf einfache und konkrete Dinge richtet. Ihm geht es nicht um das absolute und unerreichbare „Ding an sich"; er spürt vielmehr die sehr reale, „organische Verschmolzenheit aller Dinge". So ist auch Wilhelm Voigts innere Stimme nicht wie bei Hoprecht lediglich eine Umschreibung für die Prinzipien des Gehorsams und der Ordnung; sie ist eine Instanz, die seine Selbstbehauptung geradezu von ihm fordert.

Büchners Woyzeck ist vom Establishment gleichfalls durch Welten getrennt; er ist ein bescheidener und einfacher Mensch – darin ähnelt er Wilhelm Voigt –, erscheint uns aber wesentlich humaner als die rationalistisch orientierten Vertreter der sozialen Ordnung. Denn seine private Welt ist voller Stimmen und Visionen; seine Aufgeschlossenheit gegenüber den metaphysischen Einwirkungen im menschlichen Leben verleiht ihm größere Wärme und Tiefe als den anderen Charakteren. Wilhelm Voigts Fähigkeit, die „organische Verschmolzenheit aller Dinge" wahrzunehmen, läßt sich ebenfalls nicht übersehen. Seine Gedanken über die Prophezeiungen der Kartenjule und den Einfluß der Sterne (S. 23), über das Wachsen der Steine (S. 43) und der Erde im allgemeinen (S. 75) mögen wissenschaftlich nicht haltbar sein und von Kalle verspottet werden; sie geben aber zu erkennen, daß für Wilhelm Voigt alles lebendig ist, und daß er seine eigene Existenz als Teil einer universalen Lebenskraft betrachtet, die sich sogar im Chaos und in der Kälte der Großstadt Berlin durchsetzt (S. 43).

Die Einheit aller Dinge und ihr fortwährendes Wachstum werden sich schließlich stärker erweisen als das starrste System, wenn auch das Wesen dieser Entwicklung dem gesunden Menschenverstand und selbst dem abstrakten Denken verschlossen bleibt. Auf Wilhelm Voigts eigenen Fall angewandt, bedeutet das, daß das Lebensprinzip sich sowohl in der Natur als „in 'n Menschen sein Kopp" (S. 43), in Gedanken, Träumen und selbst in der Sprache behaupten wird, obwohl niemand genau weiß, „wo det mal hin soll". (S. 43) Das Lebens- und Wachstumsprinzip wird schließlich die am solidesten errichtete Struktur, das am inflexibelsten konzipierte System dem Verfall anheimgeben. Während Woyzecks Gabe des Erahnens von Zusammenhängen und seine Einbildungskraft ihn in immer stärkere Einsamkeit und Isolierung treiben, entspringt Wilhelm Voigts neue Zuversicht gerade seiner Erkenntnis des organischen Wachstums (vgl. S. 75).

Das Streben „nach oben“ ist die Grundlage von Voigts Erlösung. Denn schon am Anfang des Dramas werden wir auf des Schusters schöpferische Eigenschaften aufmerksam gemacht, die sich zunächst in verbaler Hinsicht äußern. In I,2 stellt Voigt seine Fähigkeit unter Beweis, sprachlich auf höchst unerwartete Weise auf Herausforderungen von seiten der Bürokratie zu reagieren. Seine Erfindungs- und Einbildungskraft erschöpft sich keineswegs nur auf dem Gebiete der zwischenmenschlichen Kommunikation. Auch die Köpenickiade als letzter Versuch, seinem Leben einen Sinn zu geben, ist ein schöpferischer Einfall, der die Hochachtung der Uniform durch die Gesellschaft für die Behauptung der Rechte des Individuums ausbeutet.

Immer bedarf Voigts schöpferische Qualität des Kontakts mit Mitmenschen, um sich voll entfalten zu können; seinem Wesen nach ist er für die *Begegnung* – mit anderen Menschen oder mit der Hauptmannsuniform als symbolischem Ausdruck der Gesellschaftsordnung – prädestiniert. Die komplexe und widersprüchliche Art seiner Beziehungen zur sozialen Ordnung – er muß sich gegen die in der Gesellschaft gültigen abstrakten Prinzipien behaupten, obwohl er lediglich von dieser Gesellschaft akzeptiert werden will – verdeutlicht die Struktur von Zuckmayers Weltansicht. Individuum und Gesellschaft sind einander bedingende Gegensätze, deren wechselseitiges Spannungsverhältnis zu ihrer Einheit auf höherer Ebene führt. Zuckmayer hat dieses, sein „weltaltes und immer junges, Credo“ in seinem Essay *Die langen Wege* (S. 45) wie folgt formuliert:

> „Es kommt *auch* auf Dich an. Auf Dich, aufs Ich, nicht als isoliertes Zentrum, in die Irrenzelle der Selbstumkreisung gebannt, – auch nicht als namenlosen Bestandteil einer Quantität, – sondern als ganze runde Welt, einmaliges organisches Wesen, einbezogen ins vieltönige, orchestrale Koordinatensystem des Irdischen und des Außerirdischen, Geschöpflichen und Schöpferischen, Göttlichen und Menschlichen. Es kommt auf Dich an, – in Deiner Gegenwart, die unsre einzig erfahrbare Größe, in der Zeit und im Raum, darstellt, und unsren einzigen Weg zu einer überzeitlichen Einheit.“

(Nach: E. Speidel, The Stage as Metaphysical Institution: Zuckmayer's Dramas ‚Schinderhannes‘ and ‚Der Hauptmann von Köpenick‘, S. 431–436)

Der Kriminelle im deutschen Lustspiel

Rudolf Koester hat auf Parallelen zwischen Heinrich von Kleists *Der zerbrochne Krug*, Gerhart Hauptmanns *Der Biberpelz* und Carl Zuckmayers *Der Hauptmann von Köpenick* hingewiesen. Eine Zusammenfassung der sich besonders auf Zuckmayers Drama beziehenden Teile des englisch geschriebenen Aufsatzes folgt:

Obwohl die drei Dramen unabhängig voneinander entstanden sind, ergeben sich Gemeinsamkeiten zwischen ihnen durch die Tatsache, daß jedes vom Versagen des Rechts und der Gesetze handelt, jeweils die Hauptrolle von einem Gesetzesübertreter gespielt wird und die Konfliktsituationen, und damit die Handlung überhaupt, durch die Gesetzesübertretung erzeugt werden. Während den beiden erstgenannten Werken das Corpus delicti den Titel gibt, ist das dritte Drama nach dem Verbrecher selbst benannt.

Richter Adam, Mutter Wolff oder Wilhelm Voigt repräsentieren einerseits keineswegs den Typ des „edlen Bösewichts" wie etwa Schillers Karl Moor; andererseits sind sie keine völlig schwarz gezeichneten Verbrecher, da sie von dem im achtzehnten Jahrhundert einsetzenden Trend der Humanisierung von Schurken profitiert haben. Bei Wilhelm Voigt kommt hinzu, daß ihm als „underdog" von vornherein Sympathien entgegengebracht werden. Es lassen sich Reste der literarischen Konvention, daß eine schwarze Seele in einem mißgestalteten Körper wohnen müsse (Shakespeares *Richard III.*) noch bei Adam (Klumpfuß, Kahlkopf) und Wilhelm Voigt (vgl. S. 119–120) feststellen. Sie wirken aber zumindest im Falle des falschen Hauptmanns komisch, da sie die Diskrepanz zwischen seinem höchst unmilitärischen Aussehen und seiner angemaßten Würde hervorheben.

Die moralische Verwerflichkeit der Verbrechen nimmt im umgekehrten Verhältnis zu ihrer Schwere ab. Richter Adams zufälliges Zerbrechen des Kruges beim vergeblichen Verführungsversuch Eves wird von Frau Wolffs vorsätzlichem Diebstahl und ihrer Hehlerei an Schwere übertroffen. Am schwersten aber wiegen Wilhelm Voigts Taten: Fälschung einer Postanweisung, versuchte Paßfälschung, Einbruch in ein Polizeirevier und schließlich unbefugte Amtsausübung. Jedoch erscheint gerade Wilhelm Voigt als der bedauernswerteste der drei, denn er verteidigt sich lediglich gegen das ihm angetane Unrecht. Richter Adam dagegen treibt groben Amtsmißbrauch, um zu verhindern, daß er als der eigentliche Schuldige bloßgestellt wird. Es ergibt sich das moralische Paradox, daß dem Verbrecher um so größere Sympathien entgegengebracht werden, je größer sein Verbrechen ist.

In allen drei Dramen wird das Problem des Rechts von verschiedenen Aspekten aus beleuchtet. Dennoch entsprechen sich die Personenkonfigurationen in jedem Stück, da jeweils eine Konfrontation Bürger-Amtsperson (oder -personen) stattfindet. Frau Marthe Rull wendet sich um Aufklärung der Krugaffäre an Dorfrichter Adam, Rentier Krüger sucht um von Wehrhahns Amtshilfe nach, Wilhelm Voigt will von der Behörde eine Aufenthaltserlaubnis erlangen. In allen Fällen ist die Reaktion der Offiziellen ungenügend; dem Recht wird nicht Genüge getan. Adam ist als Richter gleichzeitig Schuldiger, von Wehrhahns Voreingenommenheit gegenüber vermeintlichen politischen Feinden macht ihn blind für kriminelle Delikte, die aufzuklären seine Aufgabe wäre, und die Beamten im *Hauptmann von Köpenick* funktionieren als Zahnräder in einer ungeheuren bürokratischen Maschinerie, von der menschliche Belange routinemäßig erledigt werden.

Die Aufwertung des Kriminellen bedingt die gleichzeitige Abwertung der Hüter des Rechts und der Ordnung. Diese Entwicklung ist teilweise auf die sich ändernden sozialen Gegebenheiten, die sich ebenfalls in den Dramen spiegeln, zurückzuführen. Schon ein Blick auf den Schauplatz der Handlung ist in dieser Beziehung aufschlußreich. Kleists bäuerliches Milieu weicht Hauptmanns Großstadtnähe („irgendwo um Berlin"); Zuckmayers Stück findet im wesentlichen in der Großstadt Berlin und in Potsdam statt.

Kleists Gesellschaftskritik ist weniger evident als die Hauptmanns oder Zuckmayers, auch findet sich bei ihm das traditionelle „happy end" der Komödientradition. Nach den politischen und sozialen Veränderungen, die in Deutschland besonders seit der Reichsgründung stattgefunden haben, und die ihren literarischen Ausdruck im Naturalismus finden, geht es Hauptmann und Zuckmayer nicht mehr darum, poetische Gerechtigkeit walten zu lassen, sondern ein realistisches Weltbild zu vermitteln. So erlebt Wilhelm Voigt nur einen momentanen Triumph über die inhumane soziale Ordnung, die sich durch seine Köpenickiade nicht ändern wird.

Der Aufstieg eines geeinigten, nationalistischen Deutschlands mit seiner allgegenwärtigen Bürokratie, die in das Leben jedes einzelnen Bürgers hineinreichte, wurde von Hauptmann und Zuckmayer als größere Bedrohung der Gesellschaft empfunden denn die Straftaten einzelner. In Zuckmayers Drama erscheint das von den Behörden an Wilhelm Voigt verübte Unrecht geradezu als notwendige Folge einer Mentalität, an der die ganze Gesellschaft krankt.

In der Verteilung positiver und negativer Wertakzente bei der Charakterisierung der Kriminellen zeichnet sich ebenfalls ein Wandel ab. Bei Kleist sind Recht und Unrecht, Legalität und Moral, noch verhältnismäßig klar erkennbar. In Hauptmanns und Zuckmayers Kriminalkomödien herrscht dagegen ein moralischer Relativismus, da die Schuld des Kriminellen durch mildernde Umstände an Bedeutung verliert. Die arbeitsame und freundliche Mutter Wolff stiehlt lediglich für ihre Kinder und nimmt nur von den Reichen, die der Verlust, wie sie glaubt, nicht schmerzt. Überdies ist sie unbewußt vom pragmatischen, materialistischen Geist der Gründerzeit angesteckt, der dem Erwerb von materiellen Gütern große Bedeutung zumißt. Wilhelm Voigt ist uns durch seine Menschlichkeit, die sich besonders in II,12 äußert, durch seine Hilflosigkeit, Naivität und Ehrlichkeit noch sympathischer als Mutter Wolff. Abgesehen von seiner jugendlichen Verfehlung, die aber einem unpersönlichen großen Betrieb, der Post, und nicht einem Individuum galt, kämpfte Wilhelm Voigt immer nur mit der Behörde, die ihm nach Verbüßung seiner Straftaten seinen ihm rechtmäßig zustehenden Platz in der Gesellschaft verweigerte.

Die allgemeine Richtung des Aufstiegs des Kriminellen wird bereits von Kleist angedeutet, der die moralisch verwerflichen Züge Adams ins Lächerliche verkehrt. Mutter Wolff hat gewichtige positive Charaktereigenschaften, die durch die negativen Qualitäten ihres eigentlichen Antagonisten von Wehrhahn stärker hervorgehoben werden. Es ist nicht mehr der Kriminelle, über den die Zuschauer lachen, sondern der Kriminelle stellt den Mißbrauch der Autorität bloß und gibt damit den Repräsentanten der Autorität der Lächerlichkeit preis. Zuckmayer geht noch weiter, indem er den Verbrecher, der in *Der Biberpelz* eine ethisch neutrale Position einnimmt, mit Zügen außerordentlicher, positiver Humanität ausstattet. Wilhelm Voigt stellt nicht nur die Behörden bloß, sondern wird auch zum Verfechter von Menschenwürde und Gerechtigkeit.

In *Der zerbrochne Krug* sind Gesetzesübertreter und Richter identisch; in *Der Hauptmann von Köpenick* ist Wilhelm Voigt sowohl Gesetzesbrecher als Opfer des Unrechts. Außerdem hat Wilhelm Voigt – trotz augenscheinlicher Unterschiede – die Funktion des Gerichtsrats Walter in Kleists Komödie zu erfüllen, d.h. dem Zuschauer eine kritische und moralische Perspektive zu bieten, von der aus er das Geschehen auf der Bühne beurteilen kann.

Damit hat der kriminelle Protagonist bei Zuckmayer eine bisher unerreichte Höhe erklommen; während seines Aufstiegs ist das komische Grundmodell der verkehrten Welt durch die bloße Vertauschung der positiven und negativen Wertakzente intakt geblieben. Die Entwicklung des Kriminellen von einem abnormen Individuum in einer nach Gerechtigkeit strebenden Gesellschaft zu einem nach Gerechtigkeit strebenden Individuum in einer abnormen Gesellschaft bietet per se die Zusammenfassung des Modells komischer Inversion.

(Nach: Rudolf Koester, The Ascent of the Criminal in German Comedy, S. 376–388)

Kritik am preußischen Militarismus vor Zuckmayer

„Es ist ja nichts Neues, was es erzählt“, schreibt Carl Zuckmayer über sein „deutsches Märchen.“ Tatsächlich haben sich Dichter und Schriftsteller lange vor Zuckmayer mit den dem preußischen Staat und seiner Armee eigentümlichen Problemen, die auch im *Hauptmann von Köpenick* gestaltet werden, beschäftigt. So schreibt bereits der junge Kleist am 19. März 1799 an Christian Ernst Martini, daß er es für unmöglich halte, die Pflichten des Menschen und des Offiziers zu vereinen.

Im Gegensatz zu von Schlettow, für den nur der Soldat vollwertiger Mensch ist, und im Gegensatz zu Wormser, für den der Mensch erst beim Leutnant beginnt, scheidet Kleist streng zwischen Mensch und Offizier und hält es für unvereinbar, daß man beides zugleich sein könne.

In Fontanes Novelle *Schach von Wuthenow* (1882), deren Handlung unmittelbar vor der preußischen Katastrophe bei Jena und Auerstädt am 14. Oktober

1806 stattfindet, kritisiert der Kosmopolit und frondierende Militärschriftsteller von Bülow die „preußische Beschränktheit" Schach von Wuthenows, der Offizier in einem Eliteregiment ist. Diese Beschränktheit hat nach von Bülows Ansicht „nur drei Glaubensartikel...: erstes Hauptstück ‚die Welt ruht nicht sichrer auf den Schultern des Atlas, als der preußische Staat auf den Schultern der preußischen Armee', zweites Hauptstück ‚der preußische Infanterieangriff ist unwiderstehlich', und drittens und letztens, ‚eine Schlacht ist nie verloren, solange das Regiment Garde du Corps nicht angegriffen hat'." (*Schach von Wuthenow*, III. Kapitel) Die schon von dem jungen Kleist angeprangerten Exerzierkünste der preußischen Armee spielen auch im *Schach von Wuthenow* eine Rolle. Von Bülow bemerkt zum Zustand der preußischen Armee:

> „Der Geist ist heraus, alles ist Dressur und Spielerei geworden. Gibt es doch Offiziere, die, der großen Prallheit und Drallheit halber, ihren Uniformrock direkt auf dem Leibe tragen. Alles Unnatur. Selbst das Marschierenkönnen, diese ganz gewöhnliche Fähigkeit des Menschen, die Beine zu setzen, ist uns in dem ewigen Paradeschritt verlorengegangen. Und Marschierenkönnen ist jetzt die erste Bedingung des Erfolges. Alle modernen Schlachten sind mit den Beinen gewonnen worden." (*Schach von Wuthenow*, VI. Kapitel)

Es fällt nicht schwer, in Schach von Wuthenow – „immerhin einer unserer Besten", wie ein Kamerad bemerkt – den Typ des adligen preußischen Offiziers zu erkennen, zu dem auch von Schlettow gehört. Gleichfalls sind uns aus dem *Hauptmann von Köpenick* Vertreter einer Haltung vertraut, die der strammsitzenden Uniform und dem Paradeschritt größten Wert beimessen, Fontane hat im höchsten Alter seine Kritik am preußischen Militarismus, die in *Schach von Wuthenow* wegen der gegensätzlichen Erzählstandpunkte nicht ganz eindeutig hervortritt, viel schärfer formuliert. In zwei Briefen aus dem Jahre 1897 heißt es: „Der Borussismus, diese niedrigste Kulturform, die je da war"; und: „Das aber, womit am ehesten (weil unerträglich geworden) gebrochen werden muß, ist der Militarismus."

Der nach Potsdam verschlagene Husumer Theodor Storm fand die gesellschaftliche Atmosphäre in Berlin um die Mitte des 19. Jahrhunderts der freien Entfaltung seines Menschentums so wenig förderlich, daß er sich in einem Brief an Fontane vom 23. März 1853 beklagte:

> „Gleichwohl ist in der Berliner Luft etwas, was meinem Wesen widersteht und was ich auch bis zu einem gewissen Grade zu erkennen glaube. Es ist, meine ich, das, daß man auch in den gebildeten Kreisen Berlins den Schwerpunkt nicht in die Persönlichkeit, sondern in Rang, Titel, Orden und dergleichen Nipps legt, für deren ... Würdigung mir ... jedes Organ abgeht."

Wiederum ist leicht zu ersehen, daß das, was Storm hier ohne jede gesellschaftskritische Schärfe vorbringt, durchaus noch Gültigkeit für die in Zuckmayers Drama gestaltete Welt besitzt. „Rang, Titel, Orden" spielen weiterhin ihre Rolle.

„Es ist ja nichts Neues, was es erzählt", schreibt Carl Zuckmayer, um dann fortzufahren: „Es ist ein deutsches Märchen und, wie alle Märchen, längst vorbei, – vielleicht überhaupt nicht wahr? – und nur ein Gleichnis für das, was nicht vorbei ist!" Im Jahre 1931, als diese Worte geschrieben wurden, gab es zwar eine deutsche Republik, die an die Stelle des Kaiserreichs Wilhelms II. getreten war; die Tradition des preußischen Militarismus aber hatte sich gehalten. 1938, als der Uniformkult mit all seinen sattsam bekannten Begleiterscheinungen im Dritten Reich in vollem Schwange war, wandte sich Bertolt Brecht in einem Sonett gegen die vermeintlich in Kleists Drama *Prinz Friedrich von Homburg* zum Ausdruck kommende knechtische Gesinnung und Entwürdigung des Menschen:

Über Kleists Stück „Der Prinz von Homburg"

O Garten, künstlich in dem märkischen Sand!
O Geistersehn in preußischblauer Nacht!
O Held, von Todesfurcht ins Knien gebracht!
Ausbund von Kriegerstolz und Knechtsverstand!

Rückgrat, zerbrochen mit dem Lorbeerstock!
Du hast gesiegt, doch war's dir nicht befohlen.
Ach, da umhalst nicht Nike dich. Dich holen
Des Fürsten Büttel feixend in den Block.

So sehen wir ihn denn, der da gemeutert
Durch Todesfurcht gereinigt und geläutert
Mit Todesschweiß kalt unterm Siegeslaub.

Sein Degen ist noch neben ihm: in Stücken.
Tot ist er nicht, doch liegt er auf dem Rücken:
Mit allen Feinden Brandenburgs im Staub.

Die Sprache

„Weil Zuckmayer die Menschen und das Leben kennt und liebt, weil er Berlin kennt und liebt, genau bis in Kleinigkeiten beobachtet und inzwischen das Handwerk des Theaterdichters souverän beherrscht, geraten ihm die einzelnen Szenen, sosehr sie sich in ihrem Grundton von forsch bis verhalten poetisch unterscheiden, prall und farbenreich. Nicht zuletzt deshalb, weil das Stück wiederum ganz von einer Sprachschicht getragen wird, die diesesmal nicht der Dialekt einer Landschaft, sondern der einer Großstadt ist: das Berlinsche. Allein durch diese geistig helle und bewegliche, an originellen Erfindungen reiche Sprache, die schlagfertig, geradheraus und gemütvoll zugleich ist, erzielt er das seinem Bühnenwerk angemessene Kolorit. Ein paar Redewendungen reichen aus, um den Charakter der Figuren zu umreißen. Die ersten Sätze, die beispielsweise Wormser, der Inhaber des Potsdamer Uniformgeschäftes, wie einen Wasserfall heraussprudelt – diese Mischung von Jovialität und Zurechtweisung, das Hervorkehren des Chefs und die durch gewollt patent klingende Floskeln zum Ausdruck gebrachte Dienstbeflissenheit: das genügt schon, um eine deutliche Vorstellung von Adolf Wormser zu gewinnen ... [vgl. S. 8f.] Schon dieser kurze Text läßt erkennen, daß den Verfasser an seinen Figuren nicht das unverwechselbar Individuelle, sondern das Typische interessiert. Wormser ist der Typus eines jüdischen Geschäftsmannes, wie Schlettow der typische Hauptmann ist. Selbst die zentrale Gestalt, Schuster Voigt, verkörpert in erster Linie den Typus des von der Gesellschaft Ausgeschlossenen, der sein Recht sucht. Durch die Methode der Typisierung erreicht der Autor zweierlei: eine gewisse Distanzierung von der Realität und die Beispielhaftigkeit der Personen und ihres Handelns."

(Rudolf Lange, Carl Zuckmayer, S. 64–65)

„... der Dichter benützt ihre [der Personen] Sprechweise zur Charakterisierung, ebenfalls eine Besonderheit des naturalistischen Stils, zugleich aber ein Mittel dichterischer Menschengestaltung überhaupt; in den feinen Unterschieden sprachlichen Ausdrucks werden Wesen und Seele der Sprechenden spürbar. Im ‚Hauptmann von Köpenick' sprechen einzelne Personen nicht nur ihre eigene Sprache, sie erscheinen vielmehr gerade durch ihre Sprechweise als Vertreter bestimmter Gruppen und Typen. Die übernommenen Sprachklischees der Gruppe müssen dabei bisweilen den Persönlichkeitsschwund verdecken. Hauptmann von Schlettow, der Offizier, gefällt sich auch außer Dienst im Kasernen- und Kasinojargon. Er liebt die Befehlsform (‚Widersprechense nicht..., die Gesäßknöppe werden geändert. Wabschke ...', S. 8), seine Sätze sind abgehackt, die Ausdrucksweise ist betont salopp (‚... Sehnse – das müssense sich mal vorstellen – unsereins – Offiziersfamilie seitm Siebenjährigen Krieg, Großvater noch gewöhnlicher Linieninfantrist – janz ohne von vorne – da is man nu in punkto Firmenschild verdammt aufm Kasten...', S. 22). Auch hat Schlettow eine Vorliebe für bestimmte platte Redensarten (‚Gottvoll! Zum Piepen'). Wabschke dagegen ist das waschechte Berliner Kind aus dem Volke, schnoddrig, schlagfertig und nie um eine Antwort verlegen. Seine trockenen Bemerkungen bringen mit treffsicherer Ironie die schillernden Blasen des phrasenhaften patriotischen Geredes zum Platzen. Wenn Wormser schwärmt: ‚Prachtvoll son alter Preußenmarsch, was? Das reißt ein'n hoch, das geht ein'n in de Knochen!', meint Wabschke nur: ‚Da kann 'n Laubfrosch Polka tanzen lernen' (S. 51–52). Dem dank Wabschkes Nachtarbeit (‚... was tut man nich alles fürs Vaterland, nich?') ins Manöver ziehenden Oberleutnant Obermüller ruft der bucklige Zuschneider höchst unmilitärisch nach: ‚Viel Vagniegn, Herr Bürjermeister, Heil und Sieg! Hipp hipp, hurra!' (S. 69).

Besonders bei Wormser enthüllt der Sprechstil den Menschen. Wormser ist Emporkömmling und Geschäftsmann, der sich auf der Welle der Konjunktur nach oben spülen ließ. Der Uniformschneider weiß, daß er seinen uniformbesessenen Zeitgenossen unentbehrlich ist, denn seine Kunst macht aus den Kunden erst das, was sie zu sein wünschen. Trotz aller Schmeichelei verachtet er sie, wie das Gespräch mit Obermüller zeigt, er durchschaut ihre Schwächen und versteht wie Sternheims ‚Bürger' Schippel, aus diesen Schwächen Kapital zu schlagen. Für Wormser gilt die Umkehrung des preußischen Grundsatzes ‚Mehr sein als scheinen'. Platitüden, Frechheit und plumpe Aufschneiderei gehören zum Geschäft: ‚Was, wird er [der Kaiser] rufen, von meinem lieben Wormser!! Bei dem laß ich ja selbst arbeiten! Also dann sind de Knöppe richtig, und mein Zollstock is falsch!!' (S. 11). Man muß den Kunden schmeicheln und nach dem Munde reden (sein ständiges ‚meine Rede, meine Rede!'), sich dem Milieu anpassen, aus dem der Kunde kommt (‚...'n Glanz wie son frisch gewichster Pferdepopo', S. 9), und schließlich auch mit seiner Halbbildung renommieren (‚...vom Gefreiten aufwärts beginnt der Darwinismus.' S. 49). Sein seichtes Geschwätz manscht bedenkenlos Schlagworte und Begriffe durcheinander und prägt daraus je nach Bedarf unsaubere Verbindungen, die allzu schnell zur gängigen Münze werden können, auch das ist ein Merkmal des Sprachstils der Zeit. ‚Der alte Fritz, der kategorische Imperativ und unser Exerzierreglement, das macht uns keiner nach. Das und die Klassiker, damit hammers geschafft in der Welt!' (S. 10). Kants kategorischer Imperativ stellt die Freiheit des Handelns unter den Befehl des Gewissens und ‚die Klassiker' messen den Menschen an seiner Menschlichkeit, einer Haltung, die nur im Inneren durch Einsicht, Selbstüberwindung und Liebe erworben werden kann. Das Exerzierreglement wirkt von außen, es erzwingt den Gleichschritt und hilft mit, aus Rekruten ‚Menschen' mit Schliff, Schnick, Benimm und besserer Haltung zu machen, wie Schlettow sagt (S. 8). Es wirft ein bezeichnendes Licht auf die verschiedenen Auffassungen von Menschlichkeit, daß Wabschke, dem der Gardehauptmann nur den tüchtigen Schneider zugesteht, den Menschen aber abspricht, sich wenig später als Mensch im Sinne der ‚Klassiker' bewährt, als er Schlettow, der die Uniform ausziehen mußte, zu trösten versucht. ‚Det Militär ... is nu wirklich nich det einzige uff de Welt ... Wenn eener jung is – und jesund – und grade Knochen hat – ick meine, – wenn eener 'n richtiger Mensch is, det is doch de Hauptsache, nich?' (S. 36) ....

Auch Voigt ist Berliner, er besitzt trockenen Humor und ist schlagfertig wie Wabschke. (‚Sie sind ja 'n ganz schwerer Junge.' Voigt: ‚Ick weeß nich, Herr Kommissär, ick werde in letzter Zeit immer leichter', S. 13.) Und doch ist sein Wesen anders als das des Schneiders. Voigt ist noch hilflos und naiv wie ein Kind, rührend arglos war sein Plan, sich ‚de Neese aus det Jesichte [zu] reißen', er kann sich in einer Ordnung nicht zurechtfinden, in der nur Verordnungen und Gesetzesparagraphen gelten und in der alles auf Buchstaben und Millimeter stimmen muß. Diese Ordnung bestimmt die Atmosphäre des Polizeireviers, sie verkörpert auch der Oberwachtmeister. Seine Sprache ist die Sprache der Dienstvorschrift und der Aktennotiz (‚In einem Amtsraum hat ein Unbefugter so viel Abstand zur diensttuenden Behörde zu wahren, daß er die Aufschrift auf den Aktendeckeln mit bloßem Auge nicht erkennen kann', S. 12). Die menschliche Seite eines Falles interessiert den Hüter des Gesetzes nicht... . Die Bühnenanweisung zum Personalbüro der Schuhfabrik ‚Axolotl' deutet schon das Bild der modernen Arbeitswelt an, Reklamebilder, Werbeslogans und Schreibmaschinengeklapper gehören dazu. Der Ton, in dem Prokurist Knell mit den Arbeitssuchenden verkehrt, erinnert wieder an den preußischen Kasernenhof. So ist ihm auch der zackig gebrüllte Stammrollenauszug wichtiger als der Nachweis beruflichen Könnens. (‚Wann hamse gedient?' ‚1899 auf 1901, Herr Prokurist.' ‚Mit welcher Charge sinse abgegangen?' ‚Als G'freiter der Reserve, Herr Prokurist.' ‚Gut der Mann, wie heißt der Mann, der Mann kann beschäftigt werden,' S. 32). ‚Ruhig und trocken' stellt Wilhelm Voigt, der wieder hinter einer Holzschranke stehen muß, fest: ‚Ick hab jedacht, hier wär ne Fabrik. Ick hab nich jewußt, daß det hier ne Kaserne is.' (S. 33)... .

Obermüller, zweifellos ein Mann mit eigenen Anschauungen, ist ein potentieller Gegner des Systems, das darf nicht übersehen werden. Doch er versucht, um der Karriere willen, sein Unbehagen auch innerlich zu verdrängen. Ernst und beflissen bemüht er sich den Anforderungen zu genügen, die die Konvention an einen Mann seines Standes und seiner Ambitionen stellt. Es ist ein wenig edler Selbstbetrug dabei, wenn der Herr Doktor doziert: ‚Das Große ist bei uns die Idee des Volksheeres, in dem jeder Mann den Platz einnimmt, der ihm in der sozialen Struktur der Volksgemeinschaft zukommt... Die Idee der individuellen Freiheit verschmilzt bei uns mit der konstitutionellen Idee zu einem entwicklungsfähigen Ganzen' (S. 51). Auch hier verrät die Sprache – es ist der Stil des anspruchsvollen Leitartikels – den Menschen... .

Auch in der Strafanstalt trägt man Uniform, auch dort geht es militärisch zu, und an hohen Staatsfeiertagen spielt man im ‚Vaterländischen Unterricht' Krieg. Der Direktor der Strafanstalt, streng-leutselige Majestät des Gefängnisses, hält eine Ansprache an die Gefangenen, in der Zuckmayer das patriotische Pathos parodiert. Seine Majestät der Kaiser war das große Vorbild all dieser Vereins- und Festredner. ‚Ja, unser Kaiser', sagt Wormser, ‚der imponiert mer, der Mann hat 'n großen Zug. Da les die Tischred, die er wieder gehalten hat – da kannste was lernen, das is Stil, das is Geist, da is Schwung drin' (S. 48). Was die Wilhelminische Zeit unter diesen Tugenden verstand, läßt sich an einer Kaiserrede leicht erläutern. Es lohnt sich auch, kurz den Stil der Sedanrede (S. 55–56) des Direktors zu betrachten. Er schmückt seine Sätze gern mit hohen und erhabenen Worten (‚glorreiches Heer, blutige Walstatt, hohe Mission, hohe Werte'). Dabei ist seine Sprache wie die Doktor Obermüllers abstrakt, akademisch und trocken. (‚Vor allem hat die segensreiche Einrichtung der allgemeinen Wehrpflicht unsrem Volke in seinem stehenden Heer eine lebendige Kraft geschaffen, die auch in Friedenszeiten unsere sittliche Festigkeit und unsere körperliche und geistige Gesundheit gewährleistet, ... Stätte neuer Erziehung und Wegweisung ...'). Auch das dürre Amtsdeutsch dringt in die Rede ein (,... vor Antritt des Strafvollzugs, ... mit dem Wesen und der Disziplin unserer deutschen Armee hinlänglich vertrauter Mann ...'). Wie sehr spürt man hier das Formelhafte, wie sehr vermißt man die treffende Bildhaftigkeit Voigts, die eine Redensart sofort mit Leben erfüllen kann (,Das mit de schiefe Bahn. Da hamse janz recht. Det is, wie wennse ne Laus uff ne Glasscheibe setzen. Da kannse nu krabbeln und krabbeln un rutscht ejal immer wieder runter', S. 14) ....

Voigt, der den Ausweisungsbefehl erhalten hat, kehrt in II,14 von der Beerdigung des Mädchens zurück. Doch es ist ein anderer Voigt, der seinem enttäuschten Schwager entgegentritt, nicht mehr der resignierte, zaghaft-scheue ehemalige Zuchthäusler. Er wird zum bitteren Ankläger jener Ordnung, der Hoprecht dient und gehorcht. Hart und scharf pariert er die Einwände und Vorwürfe seines Schwagers, der immer mehr in die Verteidigung gedrängt wird. Die sprachliche Struktur entlarvt die Phrase und enthüllt die Wahrheit. Hoprecht bedient sich in der Auseinandersetzung noch der Sprache der Regimentsbefehle, die Wörter und Ausdrücke haben die Bedeutung, die ihnen die Sprachregelung von oben gab. Voigt deutet sie aus dem Sprachgebrauch des Volkes. H.: ,Recht is, was Gesetz is, Willem. Es geht ja nicht nach dem, was einer möchte, es is ja für alle da.' V.: ,Und wenn einer kaputtjeht bei, denn is er alle. Da hilft 'n kein Recht mehr, und kein Jesetz.' H.: ,Wer 'n Mensch sein will, der muß sich unterordnen.' V.: ,Unterordnen. Jewiß! Aber unter wat drunter?!' H.: ,Ich weiß, daß bei uns das Recht über alles geht!' V.: ,Auch übern Menschen, Friedrich! ... Da jeht et rüber, und denn steht er nich mehr uff.' Voigt sieht jeden Menschen als ein von Gott geschaffenes Wesen von eigenem Wert (,Erst der Mensch, Friedrich! Und dann de Menschenordnung'). Hoprecht dagegen verteidigt die These: Du bist nichts, dein Volk ist alles (,Wat is denn schon einer, gegens Ganze jenommen?!'). Er verkennt dabei, daß die abstrakte Ordnung des Staates längst Volk und Vaterland überwuchert hat (vgl. S. 89–91) ..."

(Paul Riegel, Carl Zuckmayer. Der Hauptmann von Köpenick, S. 199–205)

Voigts Sprache verrät Herzenswärme und Einbildungskraft. Der Abgrund, der ihn von den Repräsentanten der Gesellschaft trennt, wird besonders augenfällig in II,14. In dieser Szene sind Voigt und Hoprecht darüber uneins, wie sie dem ihnen beiden vom System angetanen Unrecht begegnen sollen. Nicht nur, als Voigt den wertneutralen administrativen Begriff gegen das emotional geladene Wort ausspielt: „Ick seh ja gar keene Heimat mehr, vor lauter Bezirke!!" (S. 90), sondern auch als er und Hoprecht denselben Ausdruck verwenden, wird dieser Abgrund sichtbar. Das Wort „Heimat" erhält zum Beispiel eine ganz andere Bedeutung, wenn es von Hoprecht kommt. Für ihn haben „Heimat" und

„Vaterland" denselben vagen Inhalt wie die abstrakten Begriffe „Pflicht", „Recht" oder „Ordnung"; sie beinhalten lediglich eine Idee, der alle seine Handlungen unterworfen sind. Wilhelm Voigt dagegen gebraucht das Wort „Heimat" in einem völlig anderen Zusammenhang, in dem es mehr als nur nominale Bedeutung hat. Seine Geschichte, die er im Polizeibüro in Potsdam erzählt (I,2), verrät uns, daß er mit „Heimat" die Sprache, die dort gesprochen wird, die Leute, die dort leben, und das Heimweh, das man als im Ausland Lebender fühlt, verbindet. „Heimat" bedeutet also für ihn eine sehr reale und konkrete Erfahrung, die nichts mit Hoprechts abstraktem und blutleerem Ideal zu tun hat. Es ist ebenfalls nicht ohne Bedeutung, daß Hoprecht nur im Zusammenhang mit dem Sterben an die Heimat denkt (S. 90), während es Voigt darum geht, in ihr zu leben. Dieser Unterschied der Auffassung des Heimatbegriffs deutet die verborgene zerstörerische Gewalt an, die der Voreingenommenheit zugunsten abstrakter Ideen auf Kosten konkreter Beziehungen innewohnt... .

Voigts schöpferische Fähigkeiten äußern sich schon zu Beginn des Stückes in seiner Geschicklichkeit im sprachlichen Ausdruck – lange ehe sie in seiner Tat zum Ausdruck kommen. Bei seiner ersten Begegnung mit dem Oberwachtmeister in I,2 zeigt Voigt seine bemerkenswerte Sprachgewandtheit, indem er den Erklärungen des Beamten unerwartete und originelle Wendungen gibt. Gewandt verdreht er die offiziellen Klischees auf überraschende Weise; wir bemerken das zum Beispiel, als er den Ausdruck „schwerer Junge" mit seinem Gewichtsverlust in der „Plötze" (S. 13) kontrastiert. Ein weiteres Beispiel ist sein Kommentar zu der redensartlichen Phrase: „Wer einmal auf die schiefe Bahn gerät –" (S. 14), die er auf solche Weise ergänzt, daß ihre stillschweigende Verdammung eines Menschen für sein ganzes Leben, unabhängig von seinem späteren Verhalten, veranschaulicht wird. Voigt verwirrt den Beamten völlig, als er seinen Versuch, einen gefälschten Paß zu gebrauchen, mit den Worten des Beamten beschreibt, der gesagt hatte: „Was in Ihren Personalakten steht, das ist Ihnen so festgewachsen wie die Nase im Gesicht." (S. 14) Voigt benutzt diese Worte dann etwas später zur Schilderung seines Versuchs, ein neues Leben unter falschem Namen zu beginnen: „Da wollt ick mir nu de Neese aus det Jesichte reißen. Aber det hat nich jegangen." (S. 15) Alle diese Beispiele weisen auf Voigts Fähigkeit hin, auf Herausforderungen seiner Umgebung auf höchst unerwartete Weise zu antworten. In II,12 stellt Voigt sein schauspielerisches Talent für das kranke Mädchen zur Schau, als er die Hofsänger imitiert. Aber wiederum ist das einfache Wort „Hofsänger", an das er eine Assoziationsreihe knüpft, der Ausgangspunkt seiner Verwandlung: „Det sind de Hofsänger. Auch Hofraben jenannt. Die singen bei Hof, weißte, und denn wirft der Kaiser 'n Groschen runter, damit se wieder aufhören." (S. 73)

(Nach: E. Speidel, The Stage as Metaphysical Institution: Zuckmayer's Dramas ‚Schinderhannes' and ‚Der Hauptmann von Köpenick', S. 433–434, 435)

„Der Hauptmann von Köpenick“ im Spiegel der Kritik

Vorbemerkung

Die Uraufführung des *Hauptmann von Köpenick* fand am 5. März 1931 im Deutschen Theater, Berlin, unter der Regie Heinz Hilperts statt. Die Titelrolle spielte Werner Krauß. Carl Zuckmayer schreibt über den Erfolg seines Stückes:

> „Werner Krauß spielte die Rolle hundertmal in Berlin, dann wurde sie von Max Adalbert übernommen, einem unendlich liebenswerten, verkauzten, schrulligen Volksschauspieler, der – ähnlich wie Buster Keaton – selbst niemals lachte und dadurch seine stupenden Humorwirkungen erzielte.
>
> Er spielte den Voigt auch in der bald darauf folgenden, ersten Verfilmung. Es gab kaum ein Provinztheater, selbst wenn ein Teil des Opern- und Operettenpersonals für die vielen kleineren Chargen aushelfen mußte, in dem das Stück nicht gegeben wurde. Direktoren und Intendanten spielten mit Vorliebe den Hauptmann selbst – so Gustav Lindemann in Düsseldorf, Gatte der ehrwürdigen Theaterfürstin Luise Dumont. Diese Aufführungen liefen in ganz Deutschland weiter, fast zwei Jahre lang, bis zum Ende des Januar 1933.“ (Als wär’s ein Stück von mir, S. 445)

1933 wurde das Stück verboten und erst nach dem Zweiten Weltkrieg wieder in Deutschland gespielt. Im allgemeinen wurde sowohl der Berliner Aufführung als auch dem Stück selbst großes Lob gespendet. Es fehlte allerdings nicht an kritischen Stimmen, die die Tendenzlosigkeit des Dramas (Herbert Ihering), seine „Karikatur unserer militärischen Vergangenheit“ (F. Düsel; ähnlich Paul Fechter) und gar seine ungenügende dramatische Qualität bemängelten (Basler *National-Zeitung*). Die maßgebenden Berliner Kritiker, unter ihnen auch der bekannte und gefürchtete Alfred Kerr, betonten jedoch, daß Zuckmayers Stück seinen großen Publikumserfolg durchaus verdient habe.

Während des Zweiten Weltkriegs verschwand das Stück nicht völlig von der deutschsprachigen Bühne; Carl Zuckmayer berichtet in seinem Interview mit Sibylle Werner (S. 102) von Aufführungen in Basel und in Bern zwischen 1933 und 1945. Nach Kriegsende konnte *Der Hauptmann von Köpenick* noch einmal große Publikumserfolge feiern. In der Spielzeit 1948/49 erlebte das Stück 485 und in der Spielzeit 1951/52 242 Aufführungen. Damit stand es an zweiter (1948/49), beziehungsweise fünfter Stelle (1951/52) der Rangliste erfolgreicher Schauspiele auf den Bühnen der Bundesrepublik und Westberlins (*Der Spiegel*, 7. September 1955, S. 40). Obwohl *Der Hauptmann von Köpenick* in den folgenden Jahren etwas an Popularität verlor, wurde das Stück dennoch wiederholt inszeniert. Die zweite Verfilmung des Dramas (Regie: Helmut Käutner; Titelrolle: Heinz Rühmann) war einer der größten deutschen Kassenerfolge, und durch das Fernsehen wurde es ebenfalls einem größeren Publikum nahegebracht.

Immer wieder interessierten sich bekannte Schauspieler für die Titelrolle: Werner Krauß, der Wilhelm Voigt auch nach dem Zweiten Weltkrieg spielte, Max Adalbert, Paul Bildt, Heinz Rühmann (im Film und im Theater), Rudolf Platte, Carl Raddatz, Joseph Offenbach traten als Wilhelm Voigt auf. Werner Hinz schätzte das Stück „als eine der so wenigen deutschen Komödien" und spielte „besonders gern Menschen, die eine Entwicklung, ein Schicksal haben. Wilhelm Voigt vereinigt ... viele deutsche leidende Helden in sich. Da spukt der Woyzeck wie der Kohlhaas in dem armen Luder – aber auch der Eulenspiegel." (*Theater 1966*, S. 145)

Neben Zustimmung fehlte es nicht an kritischen Äußerungen; auf dem Hintergrund der Erfahrungen mit dem Nazi-Regime kreidete man von marxistischer Seite Carl Zuckmayer „erschütternde Ahnungslosigkeit" in politischen Dingen an (Paul Rilla), und die Berliner Kritik nannte das Stück „Papas Theater" (Friedrich Luft) und „sentimentales Rührstück" (Ernst Wendt). Gegen solch negative Beurteilung erhoben sich andere Stimmen, die den *Hauptmann von Köpenick* noch keineswegs als abgemustert ansahen (Georg Hensel). Der Erfolg guter Inszenierungen bei der Kritik und beim Publikum gab denjenigen Auftrieb, die von der Qualität des Stückes überzeugt waren. Werner Hinz, der die Titelrolle in der überaus erfolgreichen Inszenierung von Hans Schweikart am Deutschen Schauspielhaus in Hamburg im Frühjahr 1966 spielte, gab seiner Vorliebe für das Stück mit folgenden Worten Ausdruck: „Ich wollte beweisen, wie unrecht jene hatten, die das Stück, Zuckmayers ‚deutsches Märchen', vor wenigen Jahren ad acta legen wollten. Der Beweis ist gelungen: Presse und Kasse gaben mir recht." (*Theater 1966*, S. 145)

Laut der Auskunft Carl Zuckmayers gegenüber Sibylle Werner (S. 101) wurde *Der Hauptmann von Köpenick* schon vor 1933 im Ausland aufgeführt – einschließlich Moskaus im Jahre 1932. Die Aufführungen des Stückes durch das Schiller-Theater in New York (1964) und London (1970), und schließlich die äußerst gelungene Premiere einer neuen englischen Bearbeitung des Stückes durch den Dramatiker John Mortimer – die erste englische Übersetzung von David Portman erschien bereits 1932 – lassen die Hoffnung aufkommen, daß *Der Hauptmann von Köpenick* auch im Repertoire der angelsächsischen Bühnen seinen Platz finden wird. *Die Zeit* vom 23. März 1971, S. 9, berichtete in einer Notiz aus London:

„Genau vierzig Jahre nach der deutschen Premiere feierte er jetzt sein Debüt in englischer Sprache und riß die englischen Theaterkritiker der großen Tages- und Wochenendzeitungen zu Sympathie- und Beifallskundgebungen von höchst unenglischer Überschwenglichkeit hin: Carl Zuckmayers ‚Hauptmann von Köpenick', der in einer flotten, fast revuehaften Aufführung vom Londoner Old Vic Theater herausgebracht wurde, in der es besonders Paul Scofield in der Titelrolle gelang, klarzumachen, daß, wie die *Sunday Times* schreibt, dieses Stück abgesehen von allem anderen dreierlei bietet: ‚viel Spaß; eine Großzügigkeit der persönlichen Einstellung, die nie in Sentimentalität ausrutscht; die eindeutige Erkenntnis, daß es sich hier um sehr viel mehr handelt als eine herzhafte, tröstliche Anekdote.'"

Man mag im Londoner „Triumph für Köpenick" einen Beweis für die Vitalität des Stückes und eine Widerlegung derjenigen erblicken, die es wohl etwas voreilig totgesagt hatten. Seine Bedeutung erschöpft sich unseres Erachtens weder in seiner Bezugnahme auf Erscheinungen zur Zeit des historischen Hauptmanns von Köpenick und zur Zeit der Entstehung des Dramas noch in seiner Vorwegnahme von Erfahrungen der im Exil Lebenden. Denn dann wäre das Drama wohl heute lediglich als Relikt der Vergangenheit interessant. Wie schnell bestimmte gesellschaftliche Zustände und die durch sie hervorgebrachten Anschauungen dem Wandel der Zeit unterworfen sind, läßt sich gerade an einem Zentralproblem des Dramas von Zuckmayer ablesen: an der Verehrung der Uniform. Was 1906 und auch noch 1931 galt, hat heute wohl geringere Bedeutung. Bestimmte radikale Gruppen, die sich ganz ohne Zweifel in der Minderheit befinden und bewußt die Konfrontation mit der vom „law and order" Denken beeinflußten Mehrheit suchen, haben geradezu eine Umwertung der bis noch vor kurzem gültigen Werte in bezug auf das Verhältnis des Menschen zur Uniform vorzunehmen begonnen. Um diesen im Ansatz vorhandenen Wandel zu verdeutlichen, sei eine extreme Stimme angeführt: „Und wir sagen, natürlich, die Bullen sind Schweine, wir sagen, der Typ in der Uniform ist ein Schwein, das ist kein Mensch ... ." (Ulrike Meinhof; zitiert nach *Die Zeit*, 23. Februar 1971, S. 1)

Das Stück hat als dramatisch gestaltetes Bild einer besonders für junge Menschen schon vergangenen – allerdings noch nicht völlig bewältigten – Zeit durchaus seinen Wert. Es bleibt, trotz der „Mär aus Großvaters und Kaiser Wilhelms Zeiten", trotz der „Eulenspiegelei von anno dunnemals", trotz der „Maskerade der vorgespielten Autorität in jener Epoche von Schnauzbart und Pickelhaube", ein Symbol für das noch nicht Vergangene, nämlich „für bürgerliche Gutgläubigkeit, für das Fehlen von Gerechtigkeit und Vertrauen, für das Verschanzen hinter Vorschrift und Gesetz." (FAZ, 21. September 1970)

Demnach ist zu konstatieren, daß Zuckmayers Drama dem modernen Menschen durchaus etwas zu sagen hat – ganz unabhängig von dem historischen Kostüm, in dem der Dramatiker ja bereits die Vorgänge zur Zeit des geschichtlichen falschen Hauptmanns für die konkrete politisch-soziale Situation der Entstehungszeit des Stückes fruchtbar und lebendig macht. Somit läßt sich nicht übersehen, daß Zuckmayer Fragen aufwirft und Probleme anpackt, die dem Zeitgenossen durchaus vertraut sind – nicht zuletzt durch ihre Spiegelung in der Literatur. Es genüge, auf Zuckmayers Gestaltung des Armen, Geknechteten und von der Gesellschaft Ausgestoßenen hinzuweisen, wie er uns etwa auch in Büchners *Woyzeck* begegnet; man mag weiter daran erinnern, daß der geschundene Wilhelm Voigt sich schließlich gegen das ihm angetane Unrecht zur Wehr setzt – allerdings eher durch einen Eulenspiegelstreich als durch die Gewalttaten des Kleistschen *Michael Kohlhaas;* man denke schließlich an die kafkaeske Welt der allmächtigen und sich in nicht durchschaubaren Zuständigkeitsbereichen dem Zugang entziehenden Behörde, um die Nähe von Zuckmayers Drama zu großer Dichtung zu erkennen.

Ganz abgesehen davon, daß der Kampf eines allerdings wenig radikalen Außenseiters der Gesellschaft gegen die staatlichen Behörden in einer Zeit, die von vielfältigen Angriffen auf das Establishment geprägt ist, Sympathien unter Gleichgesinnten hervorzurufen vermag, wird im *Hauptmann von Köpenick* nicht zuletzt eine Grunderfahrung gesellschaftlichen Lebens dramatisch ins Bild gesetzt: Kleider machen Leute – mag es sich um eine Uniform oder um Zivilkleidung handeln.

Uraufführung (5. März 1931 im Deutschen Theater in Berlin)

Können und Humor (Monty Jacobs)

„Ein toter ausländischer perverser Dichter – so hieß nach einem bekannten Scherzwort vor kurzem noch der Wunschtraum der Berliner Theaterdirektoren. Wenn sie weiter so gehorsam wie bisher dem Publikumserfolge nachlaufen, so wird diese Forderung seit gestern umgewandelt werden müssen: ein lebender, deutscher, phantastisch normaler Dichter. Wie *Carl Zuckmayer.*

Denn gestern hat dieses Labsal von einem Dramatiker wieder einmal die Anspruchsvollen und die Anspruchslosen zugleich glücklich gemacht. Er hat nicht blos die Scharte seines Zirkusstückes glorreich ausgewetzt. Weit mehr, er hat sich entschlossen auf den Platz des ersten Bühnendichters der jungen Generation gestellt.

Zuckmayers Erfolg wird und soll eine Jugend ermutigen, die das Dichten noch nicht mit einer Mathematikaufgabe und das Theater nicht mit einer Volksversammlung verwechselt. Ihm ist nämlich ein Bühnenwerk gelungen, das die Luft unserer Zeit einfängt, das angreift und Klarheit schafft, ohne nüchtern, lehrhaft oder verbohrt zu werden. Sein Geheimnis heißt ganz einfach: Können und Humor. Zuckmayer nimmt sich die Freiheit, auf das ‚Formulieren', auf die Zuflucht doktrinärer Geister, zu pfeifen. Er kann es sich leisten. Denn er kann ja etwas, was die armseligen Formulierer nicht vermögen, er kann nämlich die Zuschauer zum Formulieren zwingen.

Bei ihm sehen sie das Schicksal eines Mannes und eines Landes zugleich. Der Mann, Schuster Wilhelm Voigt, für eine Jugendsünde von der Justiz erbarmungslos hart gestraft, ausgewandert, von Heimweh zurückgetrieben, hat, alt und stumpf geworden, nur noch einen Wunsch: wieder in die Bürgerordnung eingereiht zu werden. Weil er Arbeit sucht, braucht er Amtspapiere. Amtspapiere aber will der Staat ihm nur geben, wenn er Arbeit hat. In dieser Zwickmühle zerreibt sich der Schuster, der nicht schustern darf. Nur um einen gestempelten Bogen zu ergattern, bricht er ins Polizeihaus ein. Aufs neue ein Jahrzehnt Zuchthaus, aufs neue der ohnmächtige Kampf gegen die Behörden. Dann erst ist Voigt reif für die Idee, wie man in Preußen, anno 1906, aus der Ohnmacht zur Macht aufsteigt.

Dazu braucht er ein Ding, das ihm in Zuckmayers ‚deutschem Märchen' entgegenschwebt, die Offiziersuniform. Sie führt ihr Eigenleben. Der Gardehauptmann, dem sie auf den Leib zugeschnitten wird, muß geschaßt werden, weil er in einen Konflikt mit einem Betrunkenen geraten ist. Der Bürgermeister von Köpenick ersteht sie, sobald er Reserveleutnant wird, und wenn ihm der Honoratiorenbauch wächst, wandert sie zum Trödeljuden. Dort kauft sie Voigt vor seinem historischen Handstreich.

Als dieser Streich geführt wurde, hat Deutschland, hat die Welt aus vollem Halse gelacht. Dieses Lachen fängt Zuckmayer in den beiden Schlußszenen ein, die er der Köpenickiade und ihrem Nachspiel einräumt. Aber er läßt sie nicht, wie eine Fliegerbombe, bautz bums, vom Himmel sausen. Sein Strom mündet nicht zufällig in Köpenick. Er *muß* dort münden. Denn Zuckmayer zeigt mit dem Blick eines neuen Geschlechts, was wir damals, genau vor 25 Jahren, im überraschenden Blitzlicht der Affäre zu ahnen begannen. Er zeigt das Schicksal des deutschen Landes, der wilhelminischen Zeit.

Denn in diesem Lande, in dieser Zeit dreht sich alles um jenes blaurote Tuch, das dem Schuster entgegenschwebt. Wenn der Gardehauptmann seine Uniform, um eines läppischen Abenteuers willen, ausziehen muß, so weht Tragödienstimmung. Wenn der als Reserveleutnant verkleidete Bürgermeister knapp vor dem Ausrücken zur Übung das Ausbleiben der neuen Uniform befürchtet, so befällt ihn jenes Schlottern, das nur ein ‚gedienter' Preuße nachzuempfinden vermag. Dem Subalternbeamten erscheint jeder Tag, da er die Uniform tragen darf, als eine Schicksalsgunst, für die es sich zu leben lohnt, erscheint das Portepee des Vizespießes als die Belohnung eines ehrsamen Daseins. Der Prokurist der Schuhfabrik sogar verteilt seine Gaben nur an ehemalige Soldaten, und der Zuchthausdirektor richtet seine Zöglinge zu Strategen ab.

Warum schlagen diese Szenen ein? Weil Zuckmayer nicht, mit rot angelaufenem Kopf, Schlagworte ins Parkett zetert. Er tut etwas viel Wirksameres. Er fühlt und er lacht. Er fühlt mit seinem Schuster, mit einer einfachen Seele, die zu jeder Demut bereit ist, und deren Abblitzen am Hochmut der lebendigen Paragraphen deshalb so eindringlich rührt. Und er lacht über ein Bürgertum, das sich vor dem blauroten Popanz auf den Bauch wirft.

Bei den Formulierern pflegt dieses Bürgertum Fratzen zu tragen, vor denen freilich niemand erschrickt. Zuckmayer, der Gestalter, wirkt viel stärker für eine gute Sache, indem er keinen Gesichtszug verzerrt. Sein Gardehauptmann steckt gewiß eng genug im Käfig der Vorurteile. Aber er ist einer von jenen Offizieren der alten Armee, bei deren Abschied ihre Burschen das heulende Elend kriegen. Sein Subalternbeamter ist ein Gemütsmensch mit der Devise: wir sind keine Kannibalen. Was über Zuckmayers Menschen als Vorgesetzter kommandiert, ist barsch, aber im Grunde wohlmeinend. Gerade deshalb bestärkt sein Stück die Zuschauer im Wunsch: nie wieder Wilhelm!

Denn dieser Dichter Zuckmayer, der am Tage der Eroberung von Köpenick durch einen Schuster noch nicht zehn Jahre alt war, ist durch die Schale bis zum Kern des wilhelminischen Problems vorgedrungen. Man braucht sein Stück nur mit Walter Mehrings ‚Kaufmann von Berlin' zu vergleichen, in dem sich auch ein Würdenträger auf der Bühne mit dem Soldatenspiel vergnügt, wie hier der Zuchthausdirektor. Was bei Mehring als kalter Haß verpuffte und abstieß, das findet im Lachen eines Warmherzigen, eines in die Welt Verliebten, mit einem Wort eines Humoristen, Resonanz. Diesem Humor gelingt es nämlich, die Wurzel des Übels zu entdecken. Nicht im Potsdamer Kastengeist des Offizierkorps, nicht im Köpenicker Uniformkoller der Bourgeoisie ist sie zu finden. Nein, in Rixdorf deutet ahnungslos der Subalternbeamte auf sie hin, wenn er, ein Verteidiger des herrschenden Systems, auch nach der Portepee-Enttäuschung, seinem Schwager Voigt entgegenschmettert: ,Bei uns is alles jesund von unten auf!'

Daß so viele Menschen im kaiserlichen Deutschland wie dieser Kleinbürger dachten, das ist der Kern und das Geheimnis jener Zeit. Weil so viele Bürger im Wahn des Rixdorfer Kleinbürgers befangen waren, deshalb darf Zuckmayers Schuster auch den Köpenicker Bürgermeister entlasten. ,Det wär Ihnen jenau so ergangen', sagt er zum Polizeigewaltigen. Er hätte es zu ganz Deutschland sagen können.

Der Theaterzettel des ,Hauptmanns von Köpenick' gleicht einer Broschüre, so viele Menschen führt er auf die Szene. Sie alle dem Geiste des Stückes dienstbar zu machen, ist die Kunst und das Verdienst des Spielleiters *Heinz Hilpert*. Er hat jeden an seinen Platz gestellt: Winterstein auf den Posten des anständigen Kerls in Rixdorf, Gülstorff auf den Köpenicker, Hans Halden auf den Zuchthausthron, Vallentin nach Potsdam in den Uniformladen, Hans Deppe und Willi Schur ins Nachtasyl der Vagabunden. Endlich die Frauen: Annemarie Seidel, so lange der Bühne abtrünnig, kehrt als krankes Mädchen, als eine Leidende ohne Wehleidigkeit wieder, Käthe Haack erfrischt als Bürgermeisterin, und die deftige Lotte Stein als Plörösenmieze im Café National.

Im Zentrum dieser Welt aber steht *Werner Krauß*. Sein Schuster hat erloschene Augen, und er ist gewohnt, sie niederzuschlagen, wie er im Zuchthaus gelernt hat, vor jedermann vom Sitz aufzuspringen. Sein Mund preßt sich zusammen, als ob das Schicksal ihm zu viel Essig zu schlucken gegeben hätte, und die Spannung dieses Gesichts löst sich nur zwèimal: am Bett des kranken Mädchens und in der Heiterkeit des Abschlusses. Dieser arme, vom Schicksal geplünderte Schuster aber braucht nur einen Offiziersmantel anzuziehen, dann kommt Haltung in ihn, dann schmettert die Stimme, die vorher nur so selten im Ausbruch ihr Erz klingen ließ.

Doch mitten im Triumph seines Streichs packt ihn zuweilen die Angst vor der eigenen Courage. Wenn sie für eine Sekunde in den Augen des falschen Hauptmanns flimmert, dann ist das Wahrzeichen großer Schauspielkunst zu sehen."

(Monty Jacobs, Vossische Zeitung, 7. März 1931)

Lustspiel und Leidspiel (Alfred Polgar)

„Dem Schuster Voigt gelang die Überrumpelung des Rathauses von Köpenick, weil er dort mit militärischer Begleitung auftrat. Der Erzähler schlägt eine kleine Volte, wenn er sagt, es sei die Hauptmannsuniform gewesen, vor der Köpenicks Bürgermeister und Magistrat die Waffen, beziehungsweise das Geld gestreckt hätten. Nicht der falsche Hauptmann, sondern die echten Bajonette bewirkten das. Seinen eigentlichen Geniestreich also verübte der Schuster, als er dem auf der Straße vorbeiziehenden Soldaten-Trupp ihm zu folgen befahl. Daß er unwahrscheinlich schäbig im Offiziersmantel aussah? Es gab in Österreich einen sehr populären General, Vater vieler Anekdoten, den Grafen Galgotzy, der in seiner zu weiten, abgetragenen, zerschlissenen Uniform noch viel schusterhafter aussah als der Schuster Voigt. Auf dessen Verkleidung also fielen nur die braven Soldaten hinein, ihr gehorsamstes Mittun beglaubigte den falschen Hauptmann als richtig, und der Bürgermeister von Köpenick mußte gar nicht der lächerliche Hanswurst sein, als den ihn die Chronik überliefert und der dramatische Dichter gestaltet, um vor der, doch effektiven, militärischen Gewalt, mit welcher Voigt ihm auf die Bude rückte, zu kapitulieren.

Zuckmayers ergötzliche, über drei Theaterstunden leicht hinwegtäuschende Komödie widerspiegelt, im planen und im Hohl-Spiegel den Fetisch-Zauber, der vom militärischen Kleide ausging. ,Ein deutsches Märchen' nennt deshalb der Autor sein Stück. Es will zeigen, daß die Uniform den Mann trug, von dem sie getragen wurde, daß sie nicht, wie das

Zivilkleid, eine Fortsetzung des Menschen nach außen, sondern dieser vielmehr ihre Fortsetzung nach innen war, und daß die Macht-Symbolwerte, die in der Uniform steckten, groß genug waren, ihr eine Art von Eigenleben zu verleihen. Sehr geschickt und witzig geführt, kreuzt sich in Zuckmayers buntem, spaßigem Theaterstück der Schicksalsweg solcher Uniform mit dem eines armen Teufels, der, in den Apparat der bürgerlichen Ordnung geraten, von dieser hartnäckig gezwungen wird, sich wider sie zu vergehen. Zum Schluß, wie sich das für so heiteres Spiel geziemt, kriegen Held und Heldin, der arme Mann und die Uniform, einander. Es gibt fröhliche Hochzeit. Hinterher dann allerdings wieder ein Endchen Bitterkeit. Aber das folgt, über kurz oder lang, jeder Hochzeit, weshalb auch meistens bei ihr die Lustspiele, um das zu bleiben, schlauerweise aufhören.

Zuckmayer behandelt sein Thema mit einer Art gemütlicher, gemütvoller Schärfe. Seine Satire ist durch Humor gemildert, man könnte auch sagen: verdünnt, die Freude, die er an den Geschöpfen seiner Laune hat, kommt auch jenen zugute, die ihm Mißlaune erregen, keinen Milderungsgrund, der ihnen zugebilligt werden könnte, übersieht er, insbesondere nicht den entwaffnenden der Lächerlichkeit. Er läßt gewissermaßen die Menschen das System nicht entgelten, dessen Träger sie sind, und noch auf dieses selbst blickt er nur mit einem Auge streng, mit dem andern milde. Sogar der Zuchthausdirektor, der den Militärfimmel hat und mit den Sträflingen Krieg spielt, ist wie immunisiert durch Narrheit, hinübergerettet in das Gebiet einer Komik, in das Zorn- oder Haß-Gefühlen der Eintritt verboten ist.

Sehr eng verbunden scheinen im ‚Hauptmann von Köpenick' Lustspiel und Leidspiel. Dieses hat die geschmackliche Funktion des Salzigen und Bitteren, von dem jenes seine Würze erhält. ..."

(Alfred Polgar, Ja und Nein, S. 331–334 [Besprechung der Berliner Uraufführung])

Militärschwank, soziale Anklage, Satire? (Herbert Ihering)

„Im Parkett dieser Premiere eine Unzahl Filmleute, von Erich Pommer bis Dupont, Zelnik und Zickel. Alle auf der Jagd nach Tonfilmthemen. Alle beobachtend, wie das Publikum und worauf es reagiert. Wahrhaftig, der ungewöhnliche Erfolg dieses Abends ist schon als Tatsache interessant genug. [...] Dieser Streich, der das Gelächter der ganzen Welt erregte, war ein politisches Ereignis erster Ordnung. Der Possenstreich schied die Geister. Die einen fanden den Militarismus blamiert und wiesen auf die Unmöglichkeit einer Militärstrafprozeßordnung hin, in der es hieß: ‚Bei einem im Offiziersrange stehenden und in entsprechender Uniform befindlichen Angehörigen der bewaffneten Macht ist die Annahme ausgeschlossen, daß er der Flucht verdächtig sei und nicht sofort festgestellt werden könnte, es sei denn, daß er bei Begehung eines Verbrechens auf frischer Tat betroffen und verfolgt wird.' Die andern wollten darin nur eine gewöhnliche Gaunerei ohne die Kraft der politischen Satire sehen. Deutschland lachte links. Deutschland lachte rechts. Aber es zerfiel in zwei Lager.

Wenn dieser Stoff – und er ist ein ausgezeichneter Komödienstoff – heute dargestellt wird, so liegt die Wirkung auf zwei Seiten. Einmal wirkt der wilhelminische Militarismus, dessen Wiedergabe zur Erklärung des Falles nicht umgangen werden kann, durch sich selbst, durch die Uniformen, durch die Musik, durch die Buntheit, durch den Jargon. Er wirkt als Wunsch oder Erinnerungsbild. Zweitens wirkt er als Witz, als Satire. Aber die Bejahung (durch die sinnliche Attraktion des ‚bunten Rocks') und die Verneinung (durch die Situationskomik), beides geht so ineinander, daß das Publikum sich nicht einmal klar wird, wann es auf das eine oder auf das andere reagiert. Das sind die primitivsten Erfolgschancen, die schon das Thema bietet, die es besonders dann bietet, wenn es nur farbig und menschlich dargestellt wird.

Zuckmayer wählt diesen Weg. ‚Der Hauptmann von Köpenick' ist vom Standpunkt der Bühnenwirkung und der Rollen sein bestes Stück geworden. Er gibt in einer Unzahl von kleinen saftigen und knappen Szenen ein Bild des bürgerlichen, militärischen kaiserlichen Deutschland, mit einem Witz, der fast immer aus der Anschauung kommt. Der Humor wurzelt im Dialekt. Zuckmayer hört, sieht, gestaltet. Eine Fülle von Menschen, eine Fülle von Rollen. Diese Rollenwelt zerfällt dramaturgisch in die Geschichte des Schusters Wilhelm Voigt, der auf der Suche nach Aufenthaltsbewilligung und Paß von Zuchthaus zu Zuchthaus wandert, und in die Geschichte einer Uniform, die bis zum Trödelladen in der Grenadierstraße herunterkommt.

Ein ‚deutsches Märchen' sollte entstehen, weil alles nicht mehr wahr ist. Wirklich? Es stimmt mit dem Märchen weder bei Zuckmayer noch in der Wirklichkeit.

Zuckmayer erzählt eine saftige Geschichte, eine amüsante Anekdotensammlung um den Hauptmann von Köpenick. Sehen wir uns die Bestandteile seiner Geschichte und seines Witzes an. Da sind die köstlichen Szenen des Bürgermeisters von Köpenick, dem die Reserveoffiziersuniform zu eng geworden ist. Man lacht. Worüber? Über den streberhaften Ehrgeiz einer Schicht oder über den Abstand zwischen Zivil und Militär? Diesen Humor gab es früher in jedem Militärschwank. Aber man lachte nicht über eine Satire, sondern über die Unzulänglichkeit des Zivils. Auf dieser bedenklichen Grenze balanciert das Stück. Im Grunde ist der Offizier, der hier wegen eines Skandals im Café National seinen Abschied nehmen muß, viel sympathischer als seine ganze Umgebung. Jede Figur hat ihren Humor für sich. Aber es fehlt die geistige Ordnung, in der sich alles abspielt.

Das ist entscheidend. Keine Mißverständnisse: Es ist gut, daß der ‚Hauptmann von Köpenick' kein starres Tendenzstück geworden ist, daß er ‚Kunst' sein wollte. Aber Kunst kann nur auf dem Boden einer Weltanschauung, einer Welteinstellung bestehen. Die Ordnung vermisse ich. Gut: Zuckmayer betrachtet die Welt, er zeichnet sie. Aber ich sehe nicht den festen Punkt, von dem aus er betrachtet. Er wechselt, er ist verliebt in seine Personen. Er lenkt nicht den Geist des Zuschauers dahin, von wo aus er betrachten soll. So kann der eine den Militärschwank, der andere eine leichte soziale Anklage, der dritte die Satire sehen. Zuckmayer zieht seine Wirkung sowohl aus ‚Drei Tage Mittelarrest' wie aus dem ‚Biberpelz'. Zwischen diesen Polen schwankt das Stück. Es gab vor dem Kriege einen Schwank ‚Husarenfieber'. Dieser heißt: Uniformfieber."

(Herbert Ihering, Berliner Börsen-Courier, 6. März 1931; zitiert nach: Günther Rühle, Theater für die Republik, S. 1077–1079)

Saftig heiteres Lebensstück (Alfred Kerr)

„...

IV

Nun Zuckmayer. Im ersten Teil stirbt man vor Lachen. Im zweiten merkt mancher, daß er noch lebt.

Technisch gesprochen (sogar ethisch gesprochen): im ersten Teil ist jedes Akt'l so schlagend-prall durchgearbeitet; jedes ein so für sich ausgefüllt' Spaßspielchen: daß der Anblickende froh ist, einen theaterhaften Handwerker vor sich zu sehn.

Das ist ein süddeutscher Kerl, unbekümmert um Theoreme von Nichtfachleuten ... Fern von allem, was ich vor Jahrzehnten ‚Psychoschmonzes' getauft habe. (Was dennoch, siehe Hebbel, wegeweisend sein kann.) Kurz: ein Sorglos-Blühender mit allen Anforderungen des Betriebs vertraut.

Zuckzuckmayer.

V

Ich wünsche mir ... mehr von seiner Art. Er verwechselt leider ‚dichterisch' mit ‚sentimental'. Das kranke Mädchen wird furchtbar. (Auch darstellerisch das einzig Üble. ‚Man zermalme dieses Weib.')

VI

Aber wie soll man's ihm recht machen? Allen Zuckmayern gilt es ... die heute selten sind.

Knüpft er nicht an Vergangenes an, so sagt jeder: er hat keine Tradition. Knüpft er jedoch an, sagt man: er übernimmt!

(In ‚Des Knaben Wunderhorn' heißt es noch immer: ‚Wo soll ich mich hinkehren, ich armes Brüderlein?')

Belichtet ein Dramatiker beide Seiten, so heißt es: er schmeichelt dem Parkett; er will Tantieme von rechts wie von links.

(Zuckzuckmayer! Zuckzuckmayer!)

Belichtet er jedoch nur eine Seite (o schwaches Zeitstück!): so wird es ein vollkommener Stumpfsinn.

Wo soll er sich hinkehren, der arme Brüderlein!

...

XI

Saftig heiteres Lebensstück. Mehr Zeitstück als die Zeitstücke.

‚Wer deutet mir die bunt-verworrene Welt?' raunte raunzend F. Grillparzer. (Ich habe sonst keine Beziehungen zu ihm.)

XII

Aber wer schreibt mir ein Stück der deutschen Geschichte; der übel erprobten tausendjährigen Vergangenheit..., das vielleicht ihr abzuhelfen vermag?

Heute das Schauspiel einer Republik..., die mit sehenden Augen alles zuläßt, was auf ihren Sturz gerichtet ist?

Und die nicht eingreift.

Wer schreibt es, ... wenn auch zu spät???"

(Alfred Kerr, Berliner Tageblatt, 2. Juni 1931 [nach der Umbesetzung der Titelrolle]; zitiert nach: Günther Rühle, Theater für die Republik, S. 1084–1086)

Mangelndes nationales Ehrgefühl (F. Düsel)

„Zuckmayer hat einiges dafür getan, sein vaterländisches Gewissen zu beschwichtigen: er hat in der ziemlich weit ausgesponnenen Vorgeschichte des weltbekannten Streiches vom 16. Oktober 1906 einen Potsdamer Hauptmann geschildert, den wir in seiner Exaktheit und seiner Berufsfreudigkeit als eine Art Muster des deutschen Offiziers der Vorkriegszeit gelten lassen dürfen; er hat dem Schuster Wilhelm Voigt in dem Magistratsbeamten Friedrich Hoprecht einen Schwager zur Seite gegeben, der als Reservemann den Rock des Königs mit Stolz und Freude trägt und Gesetz und Ordnung als segensreiche Himmelstöchter ehrt, ohne die der Mensch verloren wäre; er hat auch sonst die Justiz-, Polizei- und Verwaltungsbeamten, durch deren Hände Voigt geht, nicht durchweg zu solch bissigen Kötern oder lächerlichen Hanswursten gemacht, als die sie sonst oft auf unserer Bühne erscheinen. Aber was nützen alle diese offensichtlichen, an sich anerkennenswerten Bemühungen um Sachlichkeit und Gerechtigkeit, was nützen alle, übrigens aus der leidigen Wirklichkeit geholten Entschuldigungen durch die obrigkeitliche Hetze, die den entlassenen Strafgefangenen nirgends zur Ruhe und Arbeit kommen läßt – wenn sich dann in einer Szene, der Sedanfeier im Zuchthaus, die Karikatur unserer militärischen Vergangenheit bis zur Ekelhaftigkeit spreizen darf? An diese Szene vornehmlich halten sich die Leute, die blöd oder schamlos genug sind, über jedes Geschmeiß, das auf ihr Nest fällt, ihre jubelnde Freude zu äußern. . . .

Nein, diese Entgleisung aus einer Zeit, der die neue aus eignen Werten noch nichts Positives entgegenzusetzen hat, durfte gerade jetzt nicht auf die Bühne gezerrt werden, weil die Wunde noch nicht vernarbt ist, sich vielmehr zwischen heute und damals nur noch tiefer ins Fleisch gefressen hat. Was vor fünfundzwanzig Jahren eine Komödie war, über die wir alle, ‚militärfromm' oder nicht – der Kaiser an der Spitze –, aus sicherem Port herzhaft lachen konnten, vielleicht wird es nach abermals fünfundzwanzig Jahren, wenn Gott uns eine deutsche Wiedergeburt schenkt, reif zum deutschen Volksstück oder auch zum ‚deutschen Märchen', wie Zuckmayer sein Stück begütigend zubenannt hat, in dessen Spiegel wir mit ruhiger Gelassenheit etwas von der Notwende unseres neuen Werdens erkennen dürfen – heute schmeckt es nur denen süß, die sich einbilden, Selbstspott sei schon ein Sieg, und Selbsthohn befreie von aller Mitverantwortung."

(F. Düsel in Westermanns Monatshefte; zitiert nach: Richard Elsner, Das deutsche Drama in Geschichte und Gegenwart, 3. Jg., S. 265–266)

Kein dichterisch qualifiziertes Lustspiel (National-Zeitung, Basel)

„Man ist in Berlin in Bezug auf dramatische Qualität bescheiden geworden, in geradezu beschämendem Maße bescheiden; anders läßt sich der große Erfolg nicht erklären. Dem objektiven Kritiker fällt angesichts der einmütigen Publikumsbegeisterung, die dem Theater zu wochenlang vorher ausverkauften Häusern verhilft, das Wort ein, daß unter den Blinden der Einäugige König sei, denn dieses ‚deutsche Märchen', wie der Verfasser etwas willkürlich sein Werk im Untertitel nennt, ist zwar sicherlich um vieles besser als das Gros der gegenwärtig in Berlin gespielten Stücke leichten Genres, scheint indes von einem dichterisch wahrhaft qualifizierten Lustspiel weit entfernt. Zuckmayer verfügt über eine lebendige und frische Beobachtungsgabe, über einen sicheren Instinkt für komische Momente und über einen, schon aus seinen früheren Stücken her bekannten, derb-saftigen Ton: mit all diesem schafft er's bei seinen Zuschauern. . . . Es lag nahe, diese Tragikomödie als ein Beispiel für die ‚preußische' Mentalität von dazumal darzustellen. Zuckmayer zeigt denn auch in den verschiedensten Varianten den Nimbus des bunten Rocks in allen Schichten der Bevölkerung ebenso wie das Typische des preußischen Beamtentums der Vorkriegszeit. Es gibt da einige wirklich hübsche und lustige Episoden, die in ihrer volkstümlichen Haltung gut getroffen sind; im ganzen aber vermißt man die Einheitlichkeit der Komposition und eine durchgehende Spannkraft im Szenischen. Von den 16 gezeigten Bildern handeln nur die drei letzten von der eigentlichen ‚Köpenickiade', alle vorhergehenden bilden die reichlich lang währende Exposition. Die vom Autor versuchte Mischung von Ernst und Satire ist nicht glücklich getroffen, weil es an der menschlichen Überzeugungskraft fehlt."

(National-Zeitung, Basel; zitiert nach: Richard Elsner, Das deutsche Drama in Geschichte und Gegenwart, 3. Jg., S. 267–268)

Zu einer Nachkriegsaufführung, Berlin 1947 (Paul Rilla)

„Nach der Berliner Aufführung von Carl Zuckmayers Drama ‚*Des Teufels General*' war ein Kritiker mißtrauisch genug, es sonderbar zu finden, daß derselbe Autor, der als Verfasser des ‚Hauptmanns von Köpenick' einst die ‚dramatische Vernichtung' der Uniform betrieben hatte, jetzt aus der Emigration ein Stück liefere, worin das strotzende Uniformwesen geradezu liebevoll gehegt werde. Wahrhaftig, ein sonderbarer Widerspruch. Aber ist es einer? Man kann Zuckmayers ‚Hauptmann von Köpenick‘ auch anders sehen. Man kann der Ansicht sein, daß es schon damals mit der ‚dramatischen Vernichtung‘ eine zweifelhafte Sache war. Und man kann das neue Stück, dessen Held ein echter General ist, durchaus auf der Linie sehen, auf der jenes ‚deutsche Märchen‘ vom falschen Hauptmann angesiedelt ist. Der Nachweis, daß die Linie, die zu ‚Des Teufels General‘ führt, schon zu erkennen war, bevor noch die Möglichkeit einer Konfrontierung mit Text und Aufführung des Stückes bestand – dieser Nachweis wäre wohl die Auflösung jenes sonderbaren Widerspruchs. ...

Über die Berliner Neuaufführung des ‚Hauptmanns von Köpenick‘ schrieb ich im September 1947 das Folgende: Nach sechzehn Jahren erscheint Carl Zuckmayers ‚deutsches Märchen‘ wieder auf der Bühne, und mehr als vierzig Jahre ist es her, daß diese welthistorische Begegnung stattgefunden hat: ein alter Zuchthäusler und eine Hauptmannsuniform aus dem Trödelladen. Die Uniform hatte auf der Straße ein Wachkommando herangewinkt, die Uniform hatte in Köpenick das Rathaus besetzen, den Bürgermeister verhaften, die Stadtkasse beschlagnahmen lassen, die Uniform lieferte die Probe auf ein Exempel, das in der preußischen Fibel die preußische Welt bedeutete. Die nichtpreußische Welt lachte. Aber auch Wilhelm II. lachte, er fand die Geschichte ‚herrlich‘ und ‚grandios‘. Lachen links: ließ sich eine tödlichere Demaskierung jenes rechteckigen preußischen Wahns denken, der den Kasernenhof zum staatsbürgerlichen Imperativ und die Unterscheidung zwischen Militäranwärter und Reserveoffizier zum sozialen Ordnungsprinzip erhoben hatte? Lachen rechts: hatte nicht die famose Gaunerei des Schusters Wilhelm Voigt eben dieses kahle preußische Idyll in seiner Unerschütterlichkeit bestätigt, hatte sie nicht bewiesen, wie fest man sich auf die Uniform, die den Mann macht, verlassen kann? Mag der Mann falsch sein, es genügt, daß die Uniform echt ist. Warum sollte man nicht mitlachen, wenn der Schwindler erwischt wurde, aber die Uniform triumphierte? In der Tat ‚herrlich‘ und ‚grandios‘: man sah, daß noch viel mehr möglich war, als man selbst in der preußischen Welt für möglich gehalten hätte. Man durfte weitermachen, und man machte weiter. Die rechten Lacher behielten recht: es war noch viel mehr möglich.

Welches Gelächter weckt die Komödie Zuckmayers? Schon vor sechzehn Jahren konnte man erkennen, daß dies kein satirisches Zeitbild, sondern eine Illuminierung jenes preußischen Idylls war, dessen Frostigkeit durch Zuckmayers süddeutsches Geblüt erwärmt wird, bis die Kahlheit gemütvoll zu blühen beginnt. Welche Komödienposition bezieht Zuckmayer? Licht und Schatten verteilt er so gleichmäßig, daß die scheidende und unterscheidende Funktion von Komödienlicht und -schatten darüber zum Teufel geht, den an die Wand zu malen gewiß in diesem grandiosen Komödienstoff gelegen hätte.

Der preußisch-deutsche Wahn hatte, als Zuckmayers Stück erschien, schon die größere Probe aufs Exempel geliefert. Heute erst recht ist uns die Lust vergangen, uns auf ein behagliches preußisches Anekdotengeplänkel einzulassen, dessen soziale Färbung zu schummrigen Gemütsfarben verschwimmt, dessen Witz doch nicht hoch genug über dem sympathisierenden Humor der Kasernenhofblüte steht, um peinliche Verwechslungen auszuschließen. Zuckmayer zeichnet die subalterne Unmenschlichkeit der bürokratischen Maschinerie, in deren Räderwerk der Schuster Voigt gerät. Aber die subalternen Repräsentanten zeichnet er als die Arrivierten einer Beschränktheit, die eher liebenswert als verabscheuungswürdig wirkt. Diese Letzten, so klingt es beinahe, werden die Ersten sein, denn ihrer ist das preußische Himmelreich. Und welche Komik ist es, die beim Zusammenstoß ziviler Unzulänglichkeit mit der Uniform herausschaut? Die Komik des Zivils, nicht der Uniform.

Das Stück, so sehr es die Theaterbegabung seines Autors bestätigt, stand vor sechzehn Jahren schief, als der militaristische Rummel bei uns schon wieder Volldampf voraus war. Heute, nachdem sich zum zweitenmal gezeigt hat, wohin die Fahrt ging, steht es noch schiefer. Zuckmayer mag die richtige Absicht gehabt haben. Aber satirische Gestaltung ist seine Sache nicht, und das idyllische Verfahren, das er anhängig macht, verfehlt die Sache. Diese ausgleichende dramatische Gerechtigkeit bleibt ein Unrecht am Stoff. Statt des perspektivisch zielenden Witzes eine ins Breite verlaufende Bilderfolge, die sich beliebig verlängern oder verkürzen ließe, weil sie an beliebigen Punkten den darzustellenden Inhalt schneidet oder meidet. Hier wird das Stuckornament der Zeit, das zu demolieren war, zum selbstvergnügten szenischen Inventar. ...

Soweit die kritische Reminiszenz. Der historische Fall des Hauptmanns von Köpenick ereignete sich 1906. Das daraus verfertigte Theaterstück, womit Zuckmayer dem preußischen Militarismus eine Narrenkappe aufsetzte, die eine Tarnkappe war, erschien 1931, also in der dunkelsten Krisenzeit vor Ausbruch des Unheils. Bot die Zeit noch Verstecke und Rückhalte? Zuckmayers Rückhalt blieb ein Volksstück, ein ‚deutsches Märchen', das vor allem geeignet war, die erschütternde Ahnungslosigkeit des Autors über den Stand der politischen Dinge darzutun. Des Autors, der den grimmigen Kontrast zwischen dem harmlosen Preußischblau seines Komödienhimmels und einer gewittrigen Gegenwart nicht nur nicht empfand, sondern geradezu als aktuellen satirischen Anreiz mißverstand.

‚Des Teufels General' spielt im ‚Spätjahr 1941', und das Entstehungsdatum des Stückes liegt nicht viel danach. 1931 dichtete Zuckmayer, was 1906 sich ereignet hatte. 1942 dichtete er, was soeben geschehen war und immer weiter geschah. Kein historischer Spaß mithin, dessen stoffliche Kuriosität nur durch ein großes satirisches Temperament vor idyllischer Versimpelung zu retten war, sondern aktueller Ernst, der sich direkt im Stoff aussprechen konnte. Wie spricht er sich bei Zuckmayer aus? In einer Milieuverliebtheit, die den Stoff genau so aufweicht, genau so preisgibt, wie der ‚Hauptmann von Köpenick' das satirische Motiv aufweichte und preisgab. Hier wie dort triumphiert über das Thema die Uniform. Und sie spielt keine entlarvende Rolle. Sie ist der kostümierte Dreh, dem der Autor erliegt."

(Paul Rilla, Literatur, Kritik und Polemik, S. 7–10)

Inszenierung des Schiller-Theaters, Berlin 1964

Papas Theater (Friedrich Luft)

„Daß auch Stücke so schnell altern! – Zuckmayer selbst rüstig im Parkett. Er wird vom Intendanten im kleinen Triumph an seinen Platz geleitet. Das Publikum gibt ihm getreulich vollen Vorschußbeifall. Dies, möchte man meinen, kann nicht schiefgehen. Der Bilderbogen, das ‚deutsche Märchen' von dem unbehausten Schuster Voigt, der das wilhelminische Uniform-Deutschland so pfiffig wie logisch reinlegte – dieses deutsche Eulenspiegelspiel hielt man für unverwüstlich.

Der a-Konto-Applaus verläuft. Der Vorhang, geschmückt mit dem ironisch behelmten Kaiser-Wilhelm-Adler, hebt sich. Das alte Spiel (aber so alt ist es ja gar nicht, es hatte erst 1931 Uraufführung) beginnt. Und nun bröckelt es. Seine Bilderbogenmethode mit dem unverklausulierten Direktablauf wirkt plötzlich so altertümlich, so betulich. Es ruckt dahin. Dramatik, Spannung, Gefahr wohnten dem Ablauf nicht mehr inne.

Böse wurde dies Spiel, auch wenn es streckenweise böse tut, ja nie. Es tat denen, die es entlarvte, nicht weh. In die Nähe der Satire wollte es gar nicht geraten.

Als der Schuster Voigt ertappt und gefaßt ist, lacht also auch S. M., na bitte! War ja gar nicht so schlimm. Die Entlarvten fallen in das allgemeine Gaudium ein. Schulterklopfen ringsum. Kleiner Webfehler im System. Wird sich beheben lassen. Kinder, sind wir gemütlich und tolerant!

Waren sie aber doch nicht! Sie wechselten die Uniformen. Sie wurden total humorlos. Der Dienstweg führte nach Auschwitz. Dieselbe Gesinnung, im Grunde die gleichen Figuren. Bloß, daß sie gar nicht mehr zum Lachen waren. Zuckmayers freundlicher Bilderbogen wirkt, heute gesehen, ahnungslos, fast beschönigend. Das macht das Stück so altertümlich, macht es (tragischerweise, möchte man sagen) fast ärgerlich.

Dabei ist seine Machart auch so schnell überaltert. Was sich dichterisch dran tut, wirkt bestenfalls heute gefühlvoll. Volksstückelemente gemischt mit reinen Possenszenen.

Leider tut Boleslaw Barlogs grobe Inszenierung ziemlich alles, um diese traurige Entdeckung noch zu verdeutlichen. Er spielt aus. Er durchsetzt die 17 Bilder mit altberliner Weißbiergemütlichkeit. Er gewinnt nie den rettenden Boden, von dem aus dies noch spielbar oder vertretbar wäre. Er geht schrecklich ausgetretene Pfade und verweilt auf ihnen mit irrigem Behagen.

Das Bühnenbild (Eva Schwarz) schon so lust- und kunstlos. Unappetitliche Karyatiden säumen die Szene. Wechselnde Hintergrundprojektionen preußisch-Berliner Motive. Davor in recht erfindungslosen Dekorationsandeutungen das Spiel.

Es gewinnt nie richtig seinen menschlichen Mittelpunkt. Carl Raddatz, der den Schuster spielt, blieb ungenügend. Er ist ein prächtiger Darsteller handfester Typen oder seelenvoller Rabauken. Diese passive Rolle gerade aus ihrer Passivität aktiv zu machen, ist ihm nicht gegeben.

Man wird natürlich ungerecht, denkt an Krauss, denkt an Max Adalbert, wie sie, ohne schauspielerisch aufwendig zu werden, diesen Part auffüllten und mit Menschlichkeit versahen. Raddatz ist das nicht gegeben. Er ist von anderer Art. Aber wenn man schon keinen zwingenden Schuster Voigt hat – warum spielt man dann das Stück?

So vieles, das für ganz todsicher gehalten werden mußte, kommt gar nicht zur Wirkung. Sonderbar, wie unkomisch, wie derb, wie konventionell die Krawallszene im Café National ausgeht. Selbst die große Maria Becker, als Plörösenmieze, bleibt weit unter ihrer Form.

Die Märchenszene am Bett des sterbenden Mädchens findet die simple Rührung, findet die bezeichnende Trauer nicht, die man von ihr erwartet. Der morgendliche Aufbruch des rasenden Bürgermeisters von Köpenick wird, obgleich Friedel Bauschulte eine schön dämliche Schärfe vorlegt, total verschusselt, wird in die pure Klamotte hinuntergespielt.

Manchmal horcht man auf, so wenn Erich Schellow den schneidigen Militär in der Bredouille vorführt, oder wenn Erhard Siedel den Trödler kurz und komisch bezeichnet. Sonst in der Fülle der Gesichter wenig Profile. Diese Aufführung vulgarisiert ein Stück, das ohnehin alt geworden ist und bröckelt.

Ausgerechnet das aber wird in einigen Wochen nach New York exportiert, um dort für das Berliner und das deutsche Theater von heute zu werben. Dies ist nicht vorzeigbar. Auch der unbedachte Schlußbeifall sollte darüber nicht täuschen. Papas Theater, im toten Zustand an den Broadway gebracht. Man soll sich's, bitte, noch überlegen!"

(Friedrich Luft, 3. September 1964; in: Stimme der Kritik, S. 379–381)

Ein sentimentales Rührstück (Ernst Wendt)

„Barlog [entlarvte] durch eine in falscher Berliner Herzigkeit ertrinkende Aufführung den ollen ‚Hauptmann von Köpenick' als ein im Grunde sentimentales, ein nicht mehr zu ertragendes Rührstück: sein Publikum amüsierte sich übers Milljöh und bejubelte noch die Leierkastenmusik während der Verwandlungen. . . .

Schließlich der von der Berliner Kritik einmütig als ‚Papas Theater' registrierte ‚Hauptmann von Köpenick', fehlbesetzt in der Titelrolle (mit Carl Raddatz) und als milieuversessene Lokalposse dargeboten. Vielleicht ist diese Berliner Betulichkeit wirklich das, was die deutsche Kolonie in New York gern sehen möchte. Mag das Schiller-Theater also getrost reisen damit, mag man noch den ‚Don Carlos', inzwischen von Sellner inszeniert, dazutun, damit auch der Rest des riesenhaften Ensembles nach New York kommt und die Deutschen drüben ihren Ernst Deutsch sehen können. Aber niemand wird uns einreden können, Zuckmayers idyllischer Bilderbogen, mit den paar satirischen Tupfern obendrauf, welche von Barlog noch unterschlagen wurden, sei für uns hierzulande noch irgend relevant. Niemand wird uns einreden, dieses Volksstück wirke heute – mindestens in einer Inszenierung wie der Barlogs – anders denn als anrührende Verklärung des Wilhelminismus und trauliche Verniedlichung der guten alten Zeit."

(Ernst Wendt in: Theater heute, 5. Jg. [November 1964], S. 14–15)

Ein lohnender Theaterabend (Richard F. Shepard über das Gastspiel des Schiller-Theaters 1964 in New York)

„Durch die Aufführung von Carl Zuckmayers *Der Hauptmann von Köpenick*, einer Komödie über das Übel blinden Gehorsams, verlieh das höchst disziplinierte Ensemble des Schiller Theaters dem New Yorker Staatstheater eine heitere Note. ...

Carl Zuckmayer hat seinem Stück den ironischen Untertitel ‚Ein deutsches Märchen' gegeben. Einige Jahre später verwandelte sich dieses Märchen in einen nationalen Alpdruck, und der Dramatiker wurde zum Emigranten. Heute scheint das Stück altmodisch, ein Drama aus einer vergangenen Periode mit einer noch gültigen Aussage, die aber nicht in moderne Form gekleidet ist.

Hierzulande machen Uniformen bekanntlich nicht den Mann; aber dem Träger eleganter, teurer Zivilkleidung öffnen sich Türen, die dem Träger billigerer Anzüge verschlossen bleiben. Die Zeiten ändern sich, nicht aber fundamentale Wahrheiten.

Das Ensemble des Schiller Theaters zeigte erneut die Leistungsfähigkeit, die es bereits bei seiner ersten Aufführung, dem *Don Carlos*, zur Schau stellte. Das zweite Stück ist eine Komödie, die sich leicht als derbe, ausgesprochen deutsche Posse geben ließe. Diese Gefahr wurde in der Vorstellung des Schiller-Theaters vermieden; Humor und Weisheit des Stückes werden gerettet.

Wahrscheinlich gibt es wenige Ensembles, die mit sechzig Schauspielern in siebzehn drei Stunden währenden Szenen eine Atmosphäre des Frohsinns und sogar der Intimität zu verbreiten vermögen. Aber genau das geschieht unter der geschickten und gemütlichen Regie Boleslaw Barlogs. Carl Raddatz spielt die Titelrolle des verbitterten alten Schuhmachers und ehemaligen Zuchthäuslers mit großer Zartheit. ...

Der Theaterbesuch lohnte sich – und wenn nur aus dem Grunde, daß man das Ensemble in einer anderen Aufführung sehen konnte. Die Vorführung fand auf deutsch statt, war mit einem geschmackvollen, modernen, einfallsreichen Bühnenbild ausgestattet, und sie vermittelte eine Aussage. Vielleicht ist diese Aussage nicht für den Augenblick bestimmt, sondern wird ihre Gültigkeit erst auf lange Sicht beweisen."

(Richard F. Shepard in: The New York Times, 2. Dezember 1964, S. 60)

Zu einer Darmstädter Inszenierung 1965 (Georg Hensel)

„Als Ladenhüter und Opas Theater, als altmodisch und abgedient wurde Zuckmayers ‚Hauptmann von Köpenick', zu den Berliner Festwochen und für ein (inzwischen von Presse und Publikum bejubeltes) New Yorker Gastspiel inszeniert von Boleslaw Barlog im Schiller-Theater, von der Berliner Kritik ziemlich einhellig verdonnert. Der Endunterfertigte, ein aus dem Hessischen zugereister Besucher, konnte so hart nicht urteilen, und er meint sogar, daß dafür nicht nur seine gern gestandene, möglicherweise provinzielle nachbarliche Neigung zu dem Rheinhessen Zuckmayer verantwortlich sei. Gewiß, der Geschichtenerzähler Zuckmayer läßt auf der Bühne unermüdlich das kommentieren, was er als Dramatiker durch Handlung längst klargemacht hat; wenn er zu dichten meint und unverblümt symbolisch wird, etwa in der peinvollen Szene des sterbenskranken Mädchens, so ist er von Dichtung weiter entfernt als mit seiner Drastik vorm Bahnhofspissoir; seine zeitkritische Lektion ist simpel und wird oft wiederholt; auch sah er 1931 die letzte, bösartigste Konsequenz noch nicht, die nach 1933 zu erkennen gewiß kein Kunststück mehr war. ...

So harmlos, wie im übrigen in der Berliner Aufführung Zuckmayer scheinen mag, ist er gar nicht: die satirische Bosheit eines Sternheim freilich liegt ihm fern, denn er kann nicht hassen, doch wer wird von einem Apfel verlangen, daß er nach Zitronensäure schmecke? Daß diese Wertschätzung Zuckmayers so abwegig nicht ist, hat nun die Darmstädter Aufführung des ‚Hauptmann von Köpenick' bestätigt. Heinz Hilpert, der 1931 im Berliner Deutschen Theater die Uraufführung inszeniert und das Stück seither nicht mehr auf die Bühne gebracht hat, ist der Regisseur. Er hat das Recht der Klassiker, für jede neue Aufführung neu gestrichen zu werden, auch Zuckmayer zugestanden und dort, wo er allzu breit und sentimental wird, kräftig gejätet. Drei Stunden lang räkelt sich das Stück, aufgeschwemmt durch Leierkasten und Harfenjule, in Berlin. In zwei Stunden geht es mit Elan über die primitiven Bretter der Darmstädter Orangerie, die keinerlei Hilfsmittel für raschen Szenenwechsel besitzt. Eva Schwarz hat auf ihrer von gräßlich neckischen Berolina- und Justitia-Statuen flankierten Berliner Bühne die Schauplätze durch bunte Bilder im Hintergrund verklärt – goldgerahmt sind da noch die Elendsquartiere des Berliner Nordens. Hannes Meyer in Darmstadt klappt zum Schauplatzwechsel die Bühnendecke herunter, projiziert Schwarz-Weiß-Photos Berliner Ansichten darauf, und hinter ihr wird rasch das notwendigste Mobiliar aufgebaut – das erspart den verzögernden Vorhang und gibt karge historische Hinweise ohne Verklärung. Hilpert spielt Zuckmayer zwischen Realismus und leichter ‚Märchen'-Entrückung – als eine Legende, gepackt in dem Augenblick, da sie sich vom Boden der Wirklichkeit erheben möchte.

Selbstverständlich ist die Berliner Aufführung unvergleichlich reicher an schauspielerischen Einzelleistungen als die Darmstädter, die mit Doppelbesetzungen, Anleihen bei der Oper und allerlei Notlösungen arbeiten muß. Da bleibt so manches eine unerfüllte Skizze.

Max Noack spielt den Schuster Voigt – im Grundsätzlichen ähnlich wie Raddatz – als eine herumgestoßene Kreatur, als einen geschundenen armen Kerl, der das Unrecht, das ihm angetan wird, so lange in sich hineinfrißt, bis es ihn von innen her auffrißt und er in die Empörung getrieben wird: eine aufschreiende Empörung bei Noack, wenn er sich vor Gott stehen sieht und als Summe seines Lebens nichts anderes vorzuweisen hat als im Gefängnis geflochtene Fußmatten – dies ist seine Schlüsselszene, der durch Unrecht entwürdigte Mensch; als Hochstapler führt er wie unter einem Fatum nur den Befehl aus, den er sich in Hauptmannsuniform selbst erteilt hat, und bestätigt damit noch die Magie der Uniform, die er dem Gelächter preisgibt. Ja, hätte im übrigen Hilpert die Berliner Schauspieler gehabt...

Doch auch ohne dieses etwas abstruse Gedankenexperiment wurde in Darmstadt klar: der ‚Hauptmann von Köpenick' ist nicht abgemustert, man muß ihm nur richtig unter die zivilen Arme greifen."

(Georg Hensel in: Theater heute, 6. Jg. [Januar 1965], S. 40–41)

Zur Londoner Inszenierung 1971 (Irving Wardle)

„Das erste Auftreten eines erstrangigen Schauspielers in einem subventionierten Ensemble erweckt die Befürchtung, daß die Wahl des Stückes nur als Köder zum Anlocken eines großen Schauspielers dient. Aber von Paul Scofield hätten wir etwas anderes erwarten sollen. Zuckmayers *Der Hauptmann von Köpenick* mag ein an deutschen Schulen gelehrtes, offiziell sanktioniertes Stück sein; in der Version des Nationaltheaters gibt es nichts Institutionalisiertes.

Abgesehen von Scofields Voigt, ... zeigt das Ensemble unter Frank Dunlops Regie eine bessere Form, als man es seit Monaten gewohnt war. Die neue Übersetzung von John Mortimer sollte endlich dazu führen, daß diese Komödie in das Repertoire britischer Theater aufgenommen wird.

Als ich die Aufführung des Schiller-Theaters im vergangenen Jahr in London sah, fiel es mir auf, daß der Held des Stückes weniger Voigt selbst ist – der ehemalige Zuchthäusler, der einem ihm von den Behörden auferzwungenen Landstreicherleben dadurch entkam, daß er unter der Maske eines Hauptmanns auftrat – als vielmehr die deutsche Uniform. Mortimers Übersetzung konzentriert sich auf diese augenfällige Tatsache und scheint sie viel stärker ins Zentrum zu rücken.

Die Version des Schiller-Theaters betonte, daß eine Offiziersuniform ihrem Träger augenblicklich Macht und Würde verleiht. Mortimer fügt dem noch den unwiderstehlichen Sex-Appeal hinzu. Kaum beginnt der Militärfanatiker von Schlettow seinen glänzenden neuen Rock zu beschreiben, der beim Schneider auf ihn wartet, als sein Begleiter, der Arzt, sich einbildet, schwanger zu sein.

Der Text wimmelt von Zeilen, die sexuelle Anspielungen enthalten. In einer Szene, ... verursacht die Schneiderstochter (Gabrielle Laye) einen Aufruhr in der Gesellschaft, als sie in einem himmelblauen Uniformrock erscheint und die Frau eines der Gäste verführt.

Diese Szene zeigt nicht nur die Fähigkeit der Uniform, die die Geschlechter trennenden Grenzen zu überqueren, sondern sie unterstreicht auch die Haupthandlung mit einer zweiten, fast genau so eindrucksvollen Maskerade. Wie Voigt am Ende ruhig bemerkt, als er inmitten der Beglückwünschungen durch die Polizei seinen Portwein und seine Zigarre genießt: ‚Wissense, Herr Direktor, det is weiter nischt, sone Uniform, die macht det meiste janz alleene.‘ (S. 126)

Held oder nicht, die Rolle Voigts bietet große Möglichkeiten, und Scofield nutzt sie bis zum letzten aus. Voigt tritt in reiferen Jahren am Anfang und als alter Mann am Ende auf; er ist ein vom Leben Herumgestoßener und trotzdem kein sanftes Opferlamm, obwohl die Komödie im Untertitel als Märchen bezeichnet wird. In Scofields Auffassung der Rolle altert Voigt nicht sehr (im Gegensatz zu Jim Dales Kalle, der im Gefängnis um Jahre älter wird), aber von seinem ersten Erscheinen im Potsdamer Polizeibüro, wo er mit einem schnellen, schlürfenden Gang auftritt, wie einer der Vagabunden Becketts, wird deutlich, daß er aus eigener Erfahrung schon lange mit solchen Institutionen vertraut ist, und daß er unfähig ist, mit ihnen fertig zu werden. ...

Seine Stärke liegt in einer natürlichen Wärme und in einer Widerstandsfähigkeit, die die Bürokratie irgendwie nicht hat überwinden können. Mortimers Übersetzung macht diese Tatsache in der Szene mit dem Kleiderjuden deutlich. Man erwartet, daß hier ein Dialog zwischen zwei im Lebenskampf Unterlegenen geführt wird, bei dem jeder der beiden seinem individuellen Galgenhumor Ausdruck verleiht. Aber das ist keineswegs der Fall. In Krakauer (der von John Moffat großartig gespielt wird) wird die jiddische Komödie in großem Maße lebendig.

‚Warum gehen Sie nicht als Friedrich der Große?‘ fragt er. ‚Aber der ist doch tot.‘ ‚Ja, das ist mir bekannt‘, erwidert der Jude traurig. Jedoch Voigt antwortet auf keinen dieser Witze; er gibt sich noch nicht besiegt und führt ernsthaft seinen Befehl aus.

Die Schwäche der Komödie besteht darin, daß kein befriedigender Grund für Voigts plötzliche Wandlung gegeben wird. Die Kriegsspielerei im Zuchthaus, bei der die bayerische Kavallerie auf Besenstielen Attacke reitet, und der Direktor (hitzig dargestellt von Gerald

James), der die Schlacht durch ein unsichtbares Fernglas beobachtet, sind ungeheuer komisch. Aber diese Szene bietet keine Erklärung dafür, daß Voigt sich entschließt, Militärexperte zu werden.

Jedoch hat man keine Zeit, darüber nachzugrübeln. Scofields aufeinanderfolgende Verwandlungen vom Landstreicher zum Mustersträfling, von kochendem Zorn zu seinem ersten Auftreten als Hauptmann, als der er aus dem Bahnhofsabort mit jetzt vor Autorität strotzendem Schnurrbart (der vorher traurig herabgehangen hatte) und kommandoheiserer Stimme hervortritt, lassen einem keine Zeit dazu.

Es hieße der schauspielerischen Leistung keine Gerechtigkeit widerfahren lassen, wollte man sagen, daß diese Phasen der Wandlung jeweils durch das Anlegen einer anderen Maske angedeutet würden. In seinen Grundzügen bleibt sich der Charakter in allen Stadien seiner Entwicklung gleich, indem Scofield – selbst als er Herr des Köpenicker Rathauses ist – in seine undeutliche Sprechweise zurückfällt und bis zum Ende die listigen, fast katzenartigen Blicke des alten Zuchthäuslers bewahrt. Es ist eine meisterhafte Darbietung, die sowohl die Menschlichkeit wie auch die schauspielerischen Möglichkeiten der Rolle voll ausschöpft, ohne der Sentimentalität das geringste Zugeständnis zu machen.

Im Gegensatz zu dem soliden Bühnenbild der deutschen Inszenierung deutet die Version Herrn Dunlops die Wilhelminische Szenerie nur leicht an. Dies geschieht unter Zuhilfenahme einer hellen, fast aquarellfarbigen Bühnenausstattung von Karl von Appen und militärischer Zwischenaktmusik, die nie zu lange dauerte. Das große Rollenverzeichnis erfordert viele Doppelrollen; die Schauspieler lassen jeder Rolle Gerechtigkeit widerfahren. Es herrscht ein beschwingtes Tempo, und jede komische Pointe sitzt."

(Irving Wardle in: The Times, 11. März 1971, S. 13)

Literaturverzeichnis

Ausgaben

Der Hauptmann von Köpenick. Ein deutsches Märchen in drei Akten. Berlin: Propyläen-Verlag 1930.

Die deutschen Dramen. Stockholm: Bermann-Fischer Verlag 1947, S. 99–237. [S. Fischer 1951]

Der Hauptmann von Köpenick. Ein deutsches Märchen in drei Akten. S. Fischer Schulausgaben Texte moderner Autoren. Frankfurt am Main: S. Fischer Verlag 1952. [Mit Anmerkungen, Nachwort von Karl Jacobs; Text ist gekürzt]

Gesammelte Werke, Bd. III. Frankfurt am Main: S. Fischer Verlag 1960, S. 299–413.

Der Hauptmann von Köpenick. Ein deutsches Märchen in drei Akten. Fischer Bücherei. Frankfurt am Main und Hamburg: Fischer Bücherei 1961. [413.–462. Tausend: Januar 1971]

Der Hauptmann von Köpenick. Ein deutsches Märchen in drei Akten, hrsg. von H. F. Garten. New York: W. W. Norton & Company 1961. [Schulausgabe für englischsprechende Studenten; Text ist gekürzt und dem Hochdeutschen angeglichen]

Meisterdramen. Mit einem Nachwort von Georg Friedrich Hering. Frankfurt am Main: G. B. Fischer 1966, S. 219–333.

Essays und autobiographische Schriften

Pro Domo. Stockholm: Bermann-Fischer Verlag 1938

Second Wind. Translated by Elizabeth Reynolds Hapgood, Introduction by Dorothy Thompson. New York: Doubleday, Doran 1940.

Die Brüder Grimm. Ein deutscher Beitrag zur Humanität. Frankfurt am Main: Suhrkamp 1948.

Die langen Wege. Ein Stück Rechenschaft. Frankfurt am Main: S. Fischer 1952.

Als wär's ein Stück von mir. Horen der Freundschaft. Frankfurt am Main: S. Fischer Verlag 1966. [Ebenfalls 1969 in der Fischer Bücherei erschienen]

Bibliographie, Forschungsbericht

Jacobius, John Arnold: Carl Zuckmayer. Eine Bibliographie 1917–1971. Ab 1955 fortgeführt und auf den jüngsten Stand gebracht von Harro Kieser. Frankfurt am Main: S. Fischer Verlag 1971.

Vandenrath, J.: Der Stand der Zuckmayerforschung. Beitrag zu einer kritischen Bibliographie. In: Modern Language Notes 76 (1961), S. 829–839.

Gesamtdarstellungen

Adling, Wilfried: Die Entwicklung des Dramatikers Carl Zuckmayer. In: Schriften zur Theaterwissenschaft, hrsg. von der Theaterhochschule Leipzig. Bd. I. Berlin: Henschelverlag 1959, S. 9–286.

Bauer, Arnold: Carl Zuckmayer. Berlin: Colloquium Verlag 1970.

Engelsing-Malek, Ingeborg: „Amor Fati" in Zuckmayers Dramen. Konstanz: Rosgarten Verlag 1960.

Fülle der Zeit. Carl Zuckmayer und sein Werk. Frankfurt am Main: S. Fischer Verlag 1956. [Mit Beiträgen von *Theodor Heuss*, *Luise Rinser*, *Alfred Happ*, *Nino Erné*, *Paul Friedrich Weber*, *Siegfried Melchinger* u. a.]

Jacobius, John Arnold: Motive und Dramaturgie im Schauspiel Carl Zuckmayers. Versuch einer Deutung im Rahmen des zwischen 1920 und 1955 entstandenen Gesamtwerkes. Frankfurt am Main: Athenäum Verlag 1971.

Kesting, Marianne: Carl Zuckmayer. Zwischen Volksstück und Kolportage. In: Panorama des zeitgenössischen Theaters. Rev. und erw. Neuausg. München: Piper 1969, S. 278 bis 283.

Lange, Rudolf: Carl Zuckmayer. Velber bei Hannover: Friedrich Verlag 1969.

Loram, Ian C.: Carl Zuckmayer: An Introduction. In: The German Quarterly 27 (1954), S. 137–149.

Meinherz, Paul: Carl Zuckmayer. Sein Weg zu einem modernen Schauspiel. Bern: A. Francke A.G. 1960.

Paulsen, Wolfgang: Carl Zuckmayer. In: Deutsche Literatur im 20. Jahrhundert. 5., veränd. und erw. Aufl., hrsg. von Otto Mann und Wolfgang Rothe. Bd. II: Gestalten. Bern und München: Francke Verlag 1967, S. 332–361, 441–442.

Reindl, Ludwig Emanuel: Zuckmayer. Eine Bildbiographie. München: Kindler Verlag 1962.

Rooke, Sheila: Carl Zuckmayer. In: German Men of Letters, Bd. III., hrsg. von Alex Natan. London: Oswald Wolff 1964, S. 207–233.

Teelen, Wolfgang: Die Gestaltungsgesetze im Bühnenwerk Carl Zuckmayers. Masch. Diss. Marburg 1951.

Vandenrath, J.: Drama und Theater in Carl Zuckmayers Bühnendichtung. Masch. Diss. Liège 1960.

Einzeluntersuchungen

Der historische Hauptmann von Köpenick

Blätter des Deutschen Theaters, hrsg. von *Franz Horch*, Heft VI (Spielzeit 1930/31). [Enthält Zeitungsberichte von 1906 über Wilhelm Voigt]

Friedländer, Hugo: Der falsche Hauptmann von Köpenick, Wilhelm Voigt. In: Interessante Kriminalprozesse [I]. Berlin: Hermann Barsdorff 1910, S. 130–136.

Heidelmeyer, Wolfgang (Hrsg.): Der Fall Köpenick. Akten und zeitgenössische Dokumente zur Geschichte einer preußischen Moritat. Frankfurt am Main und Hamburg: Fischer Bücherei 1968.

Mauz, Gerhard: Als der „Hauptmann" entlassen war . . . . In: Die Welt, 6. Oktober 1956.

Prause, Gerhard: Der wenig bekannte zweite Teil der Köpenickiade. In: Niemand hat Kolumbus ausgelacht. Überarb. Ausg. Frankfurt am Main und Hamburg: Fischer Bücherei 1969, S. 169–188. [Erstausg. 1966]

Voigt, Wilhelm: Wie ich Hauptmann von Köpenick wurde. Mein Lebensbild. Mit einem Vorwort von Hans Hyan. Leipzig, Stuttgart: J. Püttmann 1909. [Neuausg. 1931]

Interpretationen

Butzlaff, Wolfgang: Die Schlüsselwort-Methode – Grundlagen und Beispiele. In: Der Deutschunterricht 16 (1964), Heft 1, S. 93–120.

Koester, Rudolf: The Ascent of the Criminal in German Comedy. In: The German Quarterly 63 (1970), S. 376–393.

Riegel, Paul: Carl Zuckmayer. Der Hauptmann von Köpenick. In: Das europäische Drama von Ibsen bis Zuckmayer, hrsg. von Ludwig Büttner. 2. Aufl. Frankfurt am Main: Diesterweg 1961, S. 195–208.

Speidel, E.: The Stage as Metaphysical Institution: Zuckmayer's Dramas „Schinderhannes“ and „Der Hauptmann von Köpenick“. In: The Modern Language Review 63 (1968), S. 425–436.

Werner, Sibylle: Der Hauptmann von Köpenick. Wirklichkeit und Dichtung am Beispiel des Dramas von Carl Zuckmayer. Masch. M. A. These, University of Maryland 1954.

Zur Theater- und Wirkungsgeschichte

Elsner, Richard (Hrsg.): Das deutsche Drama in Geschichte und Gegenwart. 3. Jg. (1931). Berlin: Wolf Heyer o.J. [Besprechungen von *F. Düsel, E. Heilborn, H. Ihering, National-Zeitung,* Basel]

Hensel, Georg: Der geschmähte „Hauptmann von Köpenick“. In: *Theater heute*, 6. Jg. (Januar 1965), S. 40–41.

Jacobs, Monty: Zuckmayers „Hauptmann von Köpenick“. In: *Vossische Zeitung*, 7. März 1931.

Luft, Friedrich: Carl Zuckmayer „Der Hauptmann von Köpenick“. In: Stimme der Kritik. Berliner Theater seit 1945. 3., neu bearb. und erw. Aufl. Velber bei Hannover: Friedrich Verlag 1965, S. 379–381.

Polgar, Alfred: Der Hauptmann von Köpenick. In: Ja und Nein, hrsg. von Wolfgang Drews. Hamburg: Rowohlt 1956, S. 331–334.

Rilla, Paul: Zuckmayer und die Uniform – Der Hauptmann von Köpenick. In: Literatur, Kritik und Polemik. Berlin: Henschel und Sohn 1950, S. 7–10.

Rühle, Günther (Hrsg.): Theater für Republik 1917–1933. Im Spiegel der Kritik. Frankfurt am Main: S. Fischer Verlag 1967. [Besprechungen von *B. Diebold, H. Ihering, L. Marcuse, A. Kerr*]

Shepard, Richard R.: The Captain Takes Over Koepenick Again. In: The New York Times, 2. Dezember 1964, S. 60.

Wardle, Irving: The Captain of Kopenick [sic]. In: The Times, 11. März 1971, S. 13.

Wendt, Ernst: Notizen zum Berliner Schauspiel. In: Theater heute, 5. Jg. (November 1964), S. 14–15.

Andere Bearbeitungen des Stoffes (soweit benutzt)

Freund, Fedor: Die Schauermär von Köpenick. In: Berliner Illustrirte Zeitung (28. Oktober 1906). Facsimile Querschnitt, hrsg. von Friedrich Luft. München: Scherz Verlag 1965.

Hyan, Hans: Der Hauptmann von Köpenick. Eine schaurig-traurige Geschichte vom beschränkten Untertanenverstande. Berlin: H. Seemann Nachf. 1906.

Schäfer, Wilhelm: Der Hauptmann von Köpenick. Roman. München: Georg Müller 1930. [Neuausgaben 1951, 1953, 1957]

Weitere benutzte Literatur

Brecht, Bertolt: Flüchtlingsgespräche. In: Gesammelte Werke, Bd. 14. Frankfurt am Main: Suhrkamp Verlag 1967, S. 1383–1515.

Büchner, Georg: Woyzeck. In: Sämtliche Werke und Briefe, hrsg. von Werner R. Lehmann. Bd. 1. Hamburg: Christian Wegner Verlag 1967, S. 407–431.

Fontane, Theodor: Schach von Wuthenow, hrsg. von Pierre-Paul Sagave. Frankfurt am Main und Berlin: Ullstein Bücher 1966.

Fontane, Theodor: Der Tunnel über der Spree. In: Sämtliche Werke, Bd. 15. München: Nymphenburger Verlagshandlung 1967, S. 149–305.

Garten, H. F.: Modern German Drama. 2. Aufl. London: Methuen & Co. 1964.

Hauptmann, Gerhart: Der Biberpelz. Eine Diebskomödie. Frankfurt am Main, Berlin: Ullstein (Propyläen Verlag) 1959.

Kleist, Heinrich von: Briefe 1793–1804. dtv-Gesamtausgabe, Bd. 6. München: Deutscher Taschenbuch Verlag 1964.

Kleist, Heinrich von: Der zerbrochne Krug. In: dtv-Gesamtausgabe, Bd. 2. München: Deutscher Taschenbuch Verlag 1964, S. 6–89.

Kleist, Heinrich von: Michael Kohlhaas. In: dtv-Gesamtausgabe, Bd. 4. München: Deutscher Taschenbuch Verlag 1964, S. 5–93.

Mann, Otto: Das deutsche Drama des 20. Jahrhunderts. In: Deutsche Literatur im 20. Jahrhundert. 5., veränd. und erw. Aufl. Hrsg. von Otto Mann und Wolfgang Rothe. Bd. I: Strukturen. Bern und München: Francke Verlag 1967, S. 112–169.

Grundlagen und Gedanken zum Verständnis des Dramas

Anouilh, Antigone (W. Schrank) 66 S.	(6070)
Büchner, Dantons Tod. (H. Ritscher) 75 Seiten	(6392)
Büchner, Leonce und Lena. (R. Kühn) 57 Seiten	(6411)
Büchner, Woyzeck. (H. Ritscher) 63 Seiten	(6393)
Goethe, Egmont. (R. Ibel) 68 Seiten	(6466)
Goethe, Faust I. (R. Ibel) 83 Seiten	(6360)
Goethe, Faust II. (H. Kobligk) 184 Seiten	(6358)
Goethe, Götz von Berlichingen. (R. Ibel) 70 Seiten	(6465)
Goethe, Iphigenie auf Tauris. (R. Ibel) 63 Seiten	(6467)
Goethe, Torquato Tasso. (H. Kobligk) 67 Seiten	(6410)
Grabbe, Scherz, Satire, Ironie und tiefere Bedeutung. (H. Hollo) 55 Seiten	(6394)
Grillparzer, König Ottokars Glück und Ende. (H. Prang) 56 Seiten	(6396)
Grillparzer, Der Traum, ein Leben. (H. Prang) 59 Seiten	(6395)
Hebbel, Agnes Bernauer. (W. Fischer) 62 Seiten	(6382)
Hebbel, Maria Magdalena. (W. Fischer) 56 Seiten	(6381)
Kleist, Der zerbrochene Krug. (R. Ibel) 64 Seiten	(6399)
Kleist, Prinz Friedrich von Homburg. (R. Ibel) 73 Seiten	(6400)
Lessing, Emilia Galotti. (W. Fischer) 79 Seiten	(6391)
Lessing, Minna von Barnhelm. (W. Fischer) 70 Seiten	(6390)
Lessing, Nathan der Weise. (H. Ritscher) 84 Seiten	(6380)
Molière, Der Geizige. (W. Teich) 62 Seiten	(6397)
Schiller, Don Carlos. (R. Ibel) 67 Seiten	(6470)
Schiller, Die Jungfrau von Orléans. (R. Ibel) 75 Seiten	(6387)
Schiller, Kabale und Liebe. (R. Ibel) 76 Seiten	(6398)
Schiller, Maria Stuart. (R. Ibel) 67 Seiten	(6469)
Schiller, Die Räuber. (R. Ibel) 72 Seiten	(6468)
Schiller, Wallenstein. (R. Ibel) 75 Seiten	(6389)
Schiller, Wilhelm Tell. (R. Ibel) 69 Seiten	(6388)
Shakespeare, Hamlet. (R. Flatter) 67 Seiten	(6386)
Shakespeare, Macbeth. (R. Flatter) 76 Seiten	(6385)
Sophokles, Antigone. (R. Schmidt) 65 Seiten	(6383)
Sophokles, König Ödipus. (neubearbeitet von N. Zink) 95 Seiten, 3 Abb.	(6384)
Zuckmayer, Der Hauptmann von Köpenick (S. Mews)	(6363)